伟 大 的 思 想
GREAT IDEAS

17

迈向可见之物的小理论
STEPS TOWARDS A SMALL THEORY OF THE VISIBLE

〔英〕约翰·伯格 著

王雅华 译

商务印书馆
The Commercial Press

STEPS TOWARDS A SMALL THEORY OF THE VISIBLE
© John Berger and John Berger Estate 1970, 1972, 1976, 1979, 1980, 1983, 1995, 2002
Selection copyright © Penguin Books Ltd
Cover artwork © Catherine Dixon
Simplified Chinese edition copyright © 2023 by The Commercial Press in association with Penguin Random House North Asia.
All rights reserved.

 "企鹅"及相关标识是企鹅兰登已经注册或尚未注册的商标。未经允许,不得擅用。
封底凡无企鹅防伪标识者均属未经授权之非法版本。

涵芬楼文化 出品

➹ 译者序

> 今天,图像无处不在。从未有过如此多的事物被描写、被观看。我们随时能瞥见在地球的另一边,或者在月球的另一边,事物是什么样子的:表象被呈现,而后便以闪电般的速度传播开来。
>
> ——约翰·伯格

当今文化界,但凡谈论图像和视觉艺术,都绕不开约翰·伯格(John Berger,1926—2017年)的名字。他是当代英国乃至世界范围内极具影响力的艺术批评家、艺术史家、画家、小说家、诗人、公共知识分子,也被誉为西方左翼浪漫精神的代言人。

但是，由于其思想激进，观点富有挑战性，甚至有些"异类"，并总是与体制和正统的学院派保持距离，因而他也被视为颇具争议的作家和批评家。正因如此，约翰·伯格鲜少进入国内普通读者的视野。论个人观点和气质，他与美国著名作家、艺术家苏珊·桑塔格有些相似，后者也赞扬他："自劳伦斯以来，再无人像伯格这般关注感觉世界，并赋之以良心的紧迫性。他是一位杰出的艺术家与思想者。"[1]

约翰·伯格1926年11月5日出生于英国伦敦的一个中产阶级家庭，天资聪慧，曾进入牛津的圣爱德华学校读书。凭借其学术天赋，他本应当进入牛津、剑桥学习，但他却痴迷于艺术。他在第二次世界大战期间参军服役，1946年退役后进入伦敦中央圣马丁艺术学院和切尔西艺术学院学习绘画；1948年至1955年以教授绘画为业，曾举办个人画展。1952年，他开始为伦敦左派杂志《新政治家》撰稿，1962年离开英国。他知识渊博，著作等身，出版了多部艺术专著，如《观看之道》《看》《另一种讲述的方式》《毕加索的成败》等，其中《观看之道》已

---

1. 见其文章《良心的紧迫性》。

成为艺术批评的经典、艺术专业学生的教科书；他还创作了多部小说，1958年第一部小说《我们时代的画家》（讲述一个匈牙利流亡画家的故事）问世，此后，他便沿着自己独特的创作路线前行，1972年以其著名小说《G.》（一部背景设定于1898年的欧洲的浪漫传奇）赢得了布克奖及詹姆斯·泰特·布莱克纪念奖。2008年，伯格的小说《A致X》再次获得布克奖提名。"观看"与"写作"是伯格的基本生活方式，他终生孜孜不倦地写作，笔耕不辍，直到2017年1月2日在巴黎的家中逝世，享年九十岁。就在他生命的最后阶段，刚刚度过九十岁生日的时候，这位终生的写作者又出版了几本新书，有包含他过去散文的结集《肖像》《风景》等，真可谓生命不息，写作不止。正是其丰富的人生阅历、对事物非凡的洞见、身体力行的社会实践，以及对人类命运的关怀和不懈的创作精神，成就了伯格这样一位世界上最具实力的、无与伦比的、多才多艺的大家。

　　翻译《迈向可见之物的小理论》这部文集，使我有机会走进伯格的文字世界，真切领悟他那与众不同的、富有创见的艺术观与观看世界的独特视角，获益良多。

迈向可见之物的小理论，究竟意味着什么？它似乎是对正统的、抽象而空洞的，诸如现代主义、后现代主义、解构主义等名目繁多的文艺理论或"主义"的反驳，让理论走下神坛。通过翻译此书我才真正领悟其涵义，这令人耳目一新的书名意味着去接近和感知经验的世界，从可见之物中发现意义和希望，从表象中探寻本质。

《迈向可见之物的小理论》包含约翰·伯格1972年获布克奖之时到本世纪初写就的九篇随笔，这些文字的要义可以用两个关键词来概括，即"视觉"与"观看"，这也是伯格纷繁多样的作品中的一个重要主题。这本仅一百多页的小书信息量之大、内容之丰富、观点之独到深邃、文笔之简洁典雅，不能不令人赞叹。它涵盖了对文学创作、欧洲艺术、现代绘画、摄影艺术、政治经济、商品、消费，甚至服装、饮食文化等诸多话题的探讨，既有宏观的对西方艺术发展史及艺术家群像的再审视与鉴赏，对现代派艺术创作方法和观看之道的个人见解，又有对个体艺术家如莫奈、梵高、透纳、摄影家桑德，以及诗人（如透纳、希克梅特）及其作品的细致解读与剖析，还有对农民与微不足道的小人物生存状况的观照和呈现，展示出宏阔的视野和卓越的洞见。

譬如，第一篇布克奖获奖演说，其观点之犀利和坦诚令人印象深刻。伯格公开表达了对设立该奖项的反感和不屑，他感到自己的作品《G.》的获奖既是一种激励，同时也令他不快。他嘲讽道："我感到竞争奖项是令人不愉快的事。并且就这个评奖而言，候选人名单的公布、故弄玄虚的宣传，如同赌赛马一般的对一些相关作家的炒作，所有这些对获胜者与失败者的强调都是虚假的，并且与文学的语境格格不入。"他讥讽赞助商布克·麦康奈尔家族的财富来自在加勒比地区奴役黑人而发的"黑心财"，并决定将5000英镑奖金的一半捐给"黑豹党"，该组织是促进黑人民权运动的激进组织；另一半用于他的下一部关于欧洲外来劳工生活的小说的实地考察，即1975年出版的《第七人：欧洲农业季节工人》，它引发了世界范围内对外来劳工状况的关注。正是为了写这部小说，他离开伦敦，前往阿尔卑斯山脚下的法国小村庄昆西定居。

伯格对小说和艺术创作有真切的理解，他说："小说之所以如此重要，原因就在于小说能提出其他任何文学形式都不能提出的问题：关于个体决定自己命运的问题,让生命发挥作用的问题……并且,它是以一种非常隐秘的方式提出这些问题的。"小说家以含而不露的方式发出自己内心的声音。他认为,艺术家要"真诚而实实在在地、富有建设性地与现实本身相联,触及人真正的样貌而不是关注为少数特权阶级服务的视觉仪式",从伯格的文字中,我们不难感受到他的率真、正义、良知与热切的人文情怀。

伯格眼光敏锐、独到,直击事物的本质,如在《食者与食物》中,他揭示出农民与资产阶级饮食方式的本质区别:"农民的饮食方式是以饮食行为本身和所吃的食物为核心的:它是向心性和物质性的。然而,资产阶级的饮食行为则以幻想、仪式和壮观的场景为中心:它带有离心力与文化品味。前者会心满意足地完善自己;后者则从未完善,却能吊人胃口,勾起那实质上无法满足的胃口。"

在《世界的制作》中,伯格用明晰、凝练的文字评论梵高的绘画:"很久以前,人们一度将绘画比作镜子。梵高的绘画可以与激光相媲美。它们不是等待接受,而是出去迎接,但它们穿过的并不是如此虚无的空间,而是创作的过程。……梵高为我们描绘的是'整个世界'……"寥寥数语就把梵高那抽象、晦涩,甚至令人眩晕的绘画之美感与意境解释得如此明白、通透、使读者了然于心。在《迈向可见之物的小理论》中,他写道:"绘画首先是对我们周遭不断出现又消失的可见之物的一种肯定。如果它们没有消失,或许就不会有作画的冲动,正因如此,可见之物自身便会拥有绘画所力求获得的那种担保(持久性)。在对存在者以及人类所处的那个物质世界给予肯定这一点上,绘画比任何其他艺术都表现得更为直接。"这是对可见之物与绘画之关系的精彩诠释。

伯格艺术评论的与众不同就在于,他很少做抽象的、空洞的理论阐述,也不操弄学院派的理论术语,而是以平实、简洁、感性,但又严谨而富于哲理和激情的文字,以清晰的思路将自己的学术观点和见解娓娓道来,帮助读者揭开笼罩在艺术品之上的神秘面纱,真正看懂艺术。他让崇高的艺术变得平易近人,让深奥的问题变得浅显易懂,让抽象晦涩的大理论变成具象的、常识性的小道理,并赋予其道德含义。这是从任何文艺理论书籍中都难以读到的,不啻为一种大道至简的境界。

伯格的文字为读者提供了新的走进艺术的路径，也会让读者打开眼界，找到一种全新的观看世界理解艺术的方式。

王雅华

↣ 目 录

布克奖获奖演说 1
从可能的未来看到的过去 9
透纳与理发店 27
食者与食物 39
西装和照片 49
克劳德·莫奈的眼睛 61
世界的制作 77
迈向可见之物的小理论 89
我会轻声述说我的爱 107

↣ 布克奖获奖演说 *
1972年11月23日于伦敦皇家咖啡酒店

既然你们授予了我这个奖项,你们也许想简要地了解一下它对我意味着什么。

我感觉竞争奖项是令人不愉快的事。并且就这个评奖而言,候选人名单的公布,故弄玄虚的宣传,如同赌赛马一般对于一些相关作家的炒作,所有这些对于获胜者和失败者的强调都是虚假的,并且与文学的语境格格不入。

尽管如此,奖项总是一种激励——不仅是对作

---

* 布克奖(The Man Booker Prize,或Booker Prize,又简称the Booker)以其设立之初的赞助商布克麦康奈尔食品供应公司(Booker McConnell)命名。布克奖创立于1968年,是英语文学最重要的年度图书奖之一,从1969年开始颁发,每年颁发一次。

者本人，也是对出版人、读者和书商的激励。因此，一个奖项基本的文化价值取决于其激励目的是什么；是刺激市场的一致性，达成一般性意见的共识；还是激发读者和作者独立的想象力。如果一个奖项只是激励一致性，那么，按照传统的理解，它只不过是为成功者提供经济担保而已。它仅仅构成了一个成功故事的另一个章节罢了。如果它能刺激想象力的独立自主性，它便会激励人们探寻替代方式的意愿。简而言之，它激励人们质疑。

小说之所以如此重要，原因就在于小说能提出其他任何文学形式都不能提出的问题：关于个体决定自己命运的问题，让生命发挥作用的问题——包括个人的生命。并且它是以一种非常隐秘的方式提出这些问题的。小说家的声音就像是一种内心的声音在发挥作用。

虽然在我看来这可能显得有点不合时宜，但我还是想向今年的评审委员表示致敬——与感谢——为他们在这方面表现出的独立自主性和严肃性表示感谢。他们的候选名单上的这四本书都彰显了我所谈论的那种不合常规的想象力。他们把这一奖项授予了我的书，这让我很高兴——因为它代表一种回应，一种来自其他作家的回应。

写作《G.》这部小说花费了五年时间。此后，我就一直在为我未来五年的生活制订计划。我开始了一个关于欧洲外来劳工的项目。我不知道这本书最终会以什么形式写成。或许是一部小说。或许是一本难以归类的书。我确实知道的是：我想让欧洲的一千一百万外来劳工发出的声音，连同四千万大多留守在城镇和乡村却依靠远离家乡的劳工工资过活的劳工家属的声音，通过这本书表达出来并且呈现在书的每一页上。贫困迫使外来劳工年复一年地背井离乡，来到欧洲工业化的地区，做着大量最肮脏的、薪酬最低的工作，在那里，他们组成了劳动后备军。他们对世界持什么看法？怎么看待他们自己？怎么看待我们？怎么看待他们被剥削的状态？

为了实施这一项目，必须去旅行并且在很多地方逗留。有时我需要带上说土耳其语的土耳其朋友，或葡萄牙朋友，或希腊朋友与我同行。我想再次与摄影师让·摩尔[1]共事。我曾在他的陪伴下创作了

---

1. 让·摩尔（Jean Mohr, 1925—2018），瑞士纪实摄影师，1949年起活跃于摄影界，与联合国难民事务高级专员公署、国际红十字会、世界卫生组织等国际组织密切合作，以黑白纪实摄影呈现世界各地人们的生存状况。——译者［本书注释若无另注，均为译者注］

那本关于乡村医生的书。即使如我们应该做的那样，我们生活得很俭朴并且以最便宜的方式旅行，四年的计划也将花费大约10 000英镑。我不很清楚怎么筹措这笔经费。我自己没有任何积蓄。而现在获得布克奖会使这项计划的开展成为可能。

然而，一个人并不需要成为一个寻找极其微妙的关系的小说家，去追溯产生这笔5000英镑奖金的那些经济活动。布克·麦康奈尔食品供应公司在加勒比地区获得贸易利益达一百三十年之久。现代加勒比地区的贫困状况就是这种或类似的剥削导致的直接后果。加勒比地区的贫困的后果之一便是成千上万西印度群岛的人民来到英国做外来劳工。如此一来，我的这本关于外来劳工的书将获得的资金上的收益就直接来源于这些工人或他们的亲属和祖先。

然而，所涉及的远不止这些。工业革命和发明创造以及与之相伴随的文化造就了现代欧洲，这一切首先受惠于奴隶贸易所获取的利益。而且欧洲与世界其他地区之间的关系，黑人与白人之间的关系，其根本性质并没有改变。小说《G.》中用锁链束缚的四个摩尔人的雕像是本书最重要且仅有的一幅画像。这就是为什么我必须让这个奖励背叛它自身。

我打算这样做，即以特别的方式来分享它。我分发出去的那一半奖金会改变我所保留的另一半。

首先让我再澄清一下我的立场之合理性。这不是愧疚与败坏良知的问题；当然也不是慈善事业的问题；甚至不是首要的政治问题。这是我作为一个作家持续发展的问题：问题的关键就存在于我和塑造了我的文化之间。

早在奴隶贸易开始之前，在欧洲人自己丧失了人性之前，一定曾经有一段时光，黑人和白人以令人惊奇的潜在的平等态度彼此接近。这样的时光已经消逝。从此以后，世界便有了潜在的奴隶和潜在的奴隶主之分。并且欧洲人将这种心态带回他们自己的社会。这便构成了欧洲人看待一切事物的方式。

小说家关注的是个体与历史命运的相互作用。我们时代的历史命运逐渐变得清晰了。被压迫的人民正在突破沉默的围墙，这是由他们的压迫者为他们筑起的心灵之墙。然而，在他们反抗剥削和新殖民主义的斗争中——仅仅是通过或凭借共同的斗争——对于奴隶和奴隶主的后代来说，怀着令人惊叹的希望再次以潜在的平等心态相互接近，是可能实现的。

这就是我打算把这笔奖金分享给那些正在为结束他们的受剥削状况而斗争的西印度群岛和加勒比地区人民的缘故。伦敦的黑豹运动[1]就产生于布克与其他公司在加勒比地区所造成的实质性的争议；我想要黑豹运动享用我的这笔奖金，他们既是以黑人的身份，也是以工人的身份抵抗着被压迫民族所遭受的更严重的剥削。而且，正是通过他们的黑人信息中心，他们与圭亚那，即布克·麦康奈尔食品供应公司财产所在地的人民所进行的斗争，与特立尼达和遍及加勒比地区的人民的斗争都取得了联系：其奋斗目标就是夺取所有这些企业的所有权。

你们像我一样知晓，奖项所涉及的金额——一旦人们不再把它看作文学奖——是极其微不足道的。我急需更多的钱来实施我关于欧洲外来劳工的项目。黑豹运动也急需资金来办他们的报纸，开展他们的

---

1. 黑豹运动（Black Panther Movement），指美国20世纪60年代由黑人组成的一个政党，赞同黑人国家主义、社会主义，反资本、反帝国、反法西斯、反种族主义等等。伦敦黑豹运动（1968—1972年）是在美国黑人权利运动的激励下于1968年由尼日利亚作家奥比·埃格布纳（Obi Egbuna）在伦敦诺丁山地区发起的反种族压迫运动，成员是一群来自加勒比海地区、西非和西印度群岛的移居英国的移民，它是美国以外的第一个独立的黑豹运动组织。

其他活动。但分享奖金意味着我们的目标是一致的。意识到了这一点,一切便都澄清了。最后——如同开始一样——透明度比金钱更重要。

1972年

↦ **从可能的未来看到的过去**

有人曾尝试过估算一下现存多少幅15世纪至19世纪的用画框装帧的油画吗？在过去的五十年中一定有大量的油画被毁掉了。1900年毁掉了多少？数字本身并不重要。但是，即使对其数量进行推测，我们也会认识到，通常被称为艺术的东西，以及艺术史学家和专家作为证据概括欧洲传统的东西，也只占据实际创作的绘画作品中微不足道的一部分。

从长长的画廊的墙壁上，那些从来没有任何理由怀疑自己的重要性的人物被安放在镀金的画框中，怀着永久的自尊俯视着一切。我俯瞰下面的庭院，画廊就是围绕着它而建造的。庭院中心有一个喷泉涌出涓涓细流：水慢慢地、不间断地溢出它碗状的边缘。那里有垂柳低吟，有一些长凳，还伫立着几尊摆着姿势的雕像。庭院是向公众开放的。在夏季，那里比外面的城市街道更凉爽；在冬季，它还是避风之地。

我坐在一条长凳上听那些来到庭院想稍事休息的人交谈——他们大多是老年人或是带着小孩的女人。我看着孩子们玩耍。没有人的时候，我就在庭院四周踱步，想想我自己的生活。我坐在那儿读着一份报纸，对周遭的一切视而不见。当我正要转身去参观那些19世纪当地达官贵人的肖像画时，我向下面的庭院看了一眼，此时我注意到画廊的服务员正站在邻近的高窗前，他也在凝视着下面那些如动画人物般活跃的人们。

于是，我突然产生了一种他和我的幻象，从下面向上看，我们各自单独地站立在自己的窗前。人们能清晰地看到我，但也不会看得很详尽，因为从下面到窗户的距离是四十英尺，并且刚好太阳出来了，晃得观看者有些眼花缭乱。我看到被看见的自己。我体验到了片刻令人熟悉的恐慌。尔后，我又回去观赏那些装在画框中的肖像画。

平淡乏味的19世纪的标准肖像画当然要比18世

纪的风景画或17世纪宗教题材的绘画更齐全。不过在某种程度上,这并非至关重要。欧洲艺术通过夸大自身发展过程中产生的历史差异,以及从不将其自身视为一个整体而变得理想化。

任何文化中的艺术都会显示出极大的天赋差异。但我怀疑任何其他地方的艺术杰作和普通作品之间的差别是否如同最近五个世纪欧洲传统中艺术品之间的差异那么大。差异不只是技巧和想象力的问题,也是士气的问题。一般水平的作品——16世纪日益增多——是为了私利而创作的:也就是说,作品的内容、启示意义以及它所秉持的价值观,对于创作者来说都不如完成画作获得酬金更有意义。粗劣的作品并不是笨拙的或地方的狭隘观念所导致的结果:这是市场使迫切的需求大于提供需求的职业所造成的后果。

正如艺术史专注于许多举世瞩目的作品,而几乎不考虑传统中的重要组成部分,美学理论重视从艺术品中获得的毫无偏见的心灵体验,而全然忽视其巨大的意识形态功能。我们通过将其称为艺术而使艺术具有精神上的意义。

现代的文艺复兴和后文艺复兴艺术史学家——

布克哈特[1]、沃尔夫林[2]、李格尔[3]、德沃夏克[4]——是在传统开始瓦解之时才着手书写的。毫无疑问，这两个事实与其他历史发展过程中极其复杂的社会环境相互关联。或许历史学家总是需要一个结局方能开始书写。然而，这些历史学家如此鲜明地定义不同时期的传统（文艺复兴、矫饰主义、巴洛克风格、新古典主义），并且以如此娴熟的方式解释它们从一个传统向另一个传统演进，以至于激发了这样一种观念，即欧洲的传统是一个不断变化的传统：它越是与其自身的遗产决裂，抑或越是对自身的遗产进行重构，就越发凸显其自身的存在。他们追溯过去岁月中的某种连续性，仿佛是为了保证未来发展的连续性。

---

1. 雅各布·布克哈特（Jacob Burckhardt, 1818—1897年），出生于瑞士，19世纪最伟大的文化史家和艺术史家之一。《意大利文艺复兴时期的文化》《君士坦丁大帝时代》《希腊文化史》是其代表性的著作。
2. 海因里希·沃尔夫林（Heinrich Wölfflin, 1864—1945年），出生于瑞士苏黎世。著名的美学家和美术史家，西方艺术科学的创始人之一。
3. 阿洛伊斯·李格尔（Alois Riegl, 1858—1905年），19世纪末、20世纪初奥地利著名艺术史家，现代西方艺术史的奠基人之一。作品有《风格问题》等。
4. 马克斯·德沃夏克（Max Dvořák, 1874—1921年），20世纪最具原创性的艺术史家之一。其最为人所知的是"精神史"研究方法。

把注意力集中在几百个大师与众不同的作品上，一种对艺术精神性的重视，一种对绵延不断的历史的归属感——这一切都在阻止我们把我们的绘画传统视为一个整体，并引领我们想象，今天我们观看一些过去的艺术品的亲身体验，依然能为理解浩瀚的欧洲艺术之重要作用提供线索。于是我们便得出这样的结论：创造艺术是欧洲的宿命。这一表述也许可以更复杂，却是基本的假定。现在让我们尝试着从远处观赏传统吧。

"我们不可能知晓，"尼采如是写道，"什么样的事物在未来的某一天会变成历史。或许过去的岁月还没有完全被发现；仍然需要大量追溯性的力量去发现它。"

我们正在讨论的时期大体上可以划定为从范·艾克[1]到安格尔[2]时期，其间，装画框的架上绘画，油画，是最基本的艺术产品。壁画、雕塑、图

---

1. 扬·范·艾克（Jan Van Eyck, 1385—1441年），早期尼德兰画派最伟大的画家之一，也是15世纪北欧后哥德式绘画的创始人，被誉为"油画之父"。
2. 让-奥古斯特·多米尼克·安格尔（Jean-Auguste Dominique Ingres, 1780—1867年），法国古典主义画派最后的代表，被视为法国新古典主义的旗手。

像艺术（版画）、挂毯、布景设计，甚至建筑的许多式样等都是直观的，并且是根据一套价值体系加以评判的，这套价值体系在画架绘画中得到最纯粹的表现。对于统治阶级和中产阶级来说，画架绘画是那个实质上与完整的世界相似的微缩图像：其绘画传统成了所有视觉理想的载体。

当时的架上绘画自身有什么卓尔不群的用途呢？

它使一种绘画风格能够比任何其他画派更细致地"模仿"自然或现实。那些通常所谓的风格上的变化——从古典派到矫饰主义到巴洛克风格等诸如此类的变化，从未影响到基本的"模仿"天赋；随之而来的每一个阶段均会以不同的方式运用这种才能。

我给"模仿"加上引号，因为这个词如同它所表明的一样令人困惑。只有当人们接受一种独特的自然观时，欧洲艺术风格模仿自然这一说法才讲得通。那是一种最终在笛卡尔的哲学中得到实质性表达的自然观。

笛卡尔在精神和物质之间做了绝对的区分。精神的属性是意识。物质的属性是空间上的延伸。精神是极其微妙的。大自然的运作，无论多么复杂，都是在物理上可以解释的,而且相对于精神而言,它并非神秘莫测。大自然注定要为人类所用,成为**人类观察的理想客体**。而且,这恰恰是文艺复兴透视画法所展示的,基于这种透视法,所有事物都集中于观看者的眼中。自然是可见之物的锥形片段,其顶点就是人眼。因此,模仿自然就意味着在一个二维的平面上追踪眼睛在某个特定时刻所看到的或可能看到的事物。

欧洲艺术——我用这个术语仅仅指涉我们所谈论的那个时期——同任何其他文化或时期的形象艺术一样矫揉造作、随心所欲、远离现实。形象艺术的所有传统惯例都会唤起不同的体验,从而确定其各自的形象制作原则。在一个传统中产生的形象艺术作品,对于在这一传统中成长的人们来说,都会显得实际可行。所以我们应该问一个更微妙的问题。欧洲风格的绘画会唤起哪些方面的体验呢?或者更确切地说,它的表现手法体现了何种经历?(关于日本艺术或西非艺术,也都提出同样的问题。)

贝伦森[1]在其关于佛罗伦萨画家的论著中写道:

---

1. 伯纳德·贝伦森(Bernard Berenson,1865—1959年),美国艺术批评家,探讨文艺复兴艺术的权威。

只有当我们把绘画客体的存在视为理所当然时，它才能开始给我们带来真正的艺术愉悦，这是与我们在象征符号中感到的兴趣不同的。

接下来他继续阐述道：可触摸性，绘画对象的"触觉价值"，是使我们将其存在视为理所当然的因素。从欧洲艺术中即将衍生出来的关于艺术快感的暗示再明确不过了。我们确信我们可以用手触碰到的东西是真实存在的；如果不能用手触碰到，它就不存在。

欧洲式的表现方法指的是拥有对某物的体验。正如其透视法将所有延伸的事物聚拢起来传递到个体的眼中，其表现方式也同样把所有描绘的事物传递到个体观察者的手中。于是绘画便成了隐喻性的挪用行为。

社会和经济的挪用模式在五个世纪中发生了很大的变化。15世纪的绘画经常是直接指涉画中所描绘的事物——大理石地板、金色的支柱、富贵的纺织面料、珠宝、银器。到了16世纪，由于明暗对比效果使得许多戏剧动作达成统一，绘画传递给观看者兼所有者的已不再是收集或贮藏的财富，而是全部场景连同其事件和主人公的完整合一。这些场景在一定程度上是可以拥有的，以至于观看者都能明白财富可以在远处产生和控制行动。在18世纪，传统艺术分为两股支流。在一个分支中，简单的中产阶级品质受到赞美，而另一分支却显示了贵族获得购买演出和指导一出无休止的戏剧的权利。

我站在一幅典型的欧洲裸体画前。她的绘制突显了极度的感官享受。但是，她的性感只是浅薄地显现于她的行动或她自己的表情上；这种情况是不会出现在其他艺术传统中一幅类似的画像中的。为什么？因为在欧洲，所有权是首要的。绘画中的性行为所显示的并非其表现的东西，而是体现了拥有者-观看者（在这里是我）观看她赤身裸体的权利。她的赤身裸体并不是其性功能的一种显现，而是那些接近这幅画的人们的性功能的体现。大多数欧洲裸体画都与一种沦落风尘所特有的消极情绪有密切的关联。

据说欧洲绘画如同一扇向世界敞开的窗口。在纯视觉上，这也许是事实。但是，它难道不像一个嵌入墙壁的保险箱，其中存放着可见之物吗？

到目前为止，我已经探讨了绘画方法、表现手段。现在来讨论绘画呈现了什么,其主题是什么。有一些特殊类别的题材:肖像画、风景画、静物写生、"下层生活"的风俗画。每一种类都可以从我所提议的同一种一般视角进行单独研究。(试想一下成千上万描绘被射中或捕获到的猎物的静物写生油画;许多关于引诱或勾引女性卖淫的风俗画;无数穿制服的公职人员的肖像画。)可是,我想聚焦的是经常被视为最高贵的,体现传统中最重要的组成部分的种类——宗教或神话题材的绘画。

某些基本的基督教题材早在架上绘画兴起之前就已经在绘画艺术中出现了。但是,与纯粹的肖像画不同,它们的作用和社会性表现在壁画或雕塑或彩色玻璃上,其意图迥然各异。一幅壁画在一个给定的语境——例如在为一个特别的圣人建造的小教堂中呈现它的主题。这个主题适用于其教堂周围的东西,并且适合表现其周遭可能发生的事;其观看者,同样也是一个崇拜者,会成为那个环境中的组成部分。架上画不带有精确的身体和情感背景,因为它是可移动的。

它所表现的并非一个更大的整体之内的主题,而是提供关于画的拥有者的主题,无论谁是它的主人。因此，其主题适用于拥有这种生活的人。关于这一工作原理，一个原始的过渡性实例便是耶稣受难或耶稣诞生，那些委托制作绘画的人、捐赠者竟然都被画入画中，他们或是站在十字架脚下，或是跪在马槽周围。后来这些人就不必被画进画作中了，因为对绘画实体的所有权保证了他们在其中固有的存在。

然而，那数以百计的、颇为深奥难懂的题材如何适用于这类主题的绘画的拥有者的生活呢？这些题材的来源并非真实的事件或仪式，而是文本。在某种独特的意义上，欧洲艺术是一种源自文学的视觉艺术。对于这些文本的精通或至少是对于其中人物的了解，是的少数人的特权。大多数这样的绘画作品作为表征图像是可读的，而作为语言是不可读的（难以理解的），因为它们不知道自己意味着什么。在这方面，如果不是在其他方面，今天我们大多都有点像那大多数绘画作品一样。圣乌尔苏拉[1]身上到底发生了什么？我们问。究竟为什么安德洛墨

---

1. 圣乌尔苏拉（St. Ursula）是传说中的一位英国公主。她带领11 000名皈依基督教的少女去罗马朝拜，结果全部为凶残的匈奴人杀害。维托雷·卡尔帕乔（Vittore Carpaccio，1450—1525年），威尼斯画派的叙事体画家，为圣乌尔苏拉姐妹会绘制了一组画作。

达[1]发现她自己被拴在了岩石上?

这种享有特权的小众的专门知识为他们提供了一个参照系,借此来巧妙地、极富感召力地表达他们本阶级的生活价值和理想。(关于这个传统的最后遗迹,请注意道德价值有时依然归于经典研究。)宗教和神话题材的绘画不仅是各种主题的例证;它们同时还构成了一种体系,即一种根据统治阶级的文化趣味对现实加以界定和理想化的体系。它们提供了一种视觉上的规范——一系列用以展示生活中的一些重要瞬间应当如何被设想的实例。人们需要记住在摄影或电影出现之前,唯独绘画能提供关于人们或一些事件是什么样子或应该是什么样子的记录佐证。

绘画适用于表现其观众-所有者的生活,因为它们展示了这些人浓缩的生活瞬间,亦即宗教信仰、英雄行为、情欲的放任、悔悟、柔情、愤怒、勇敢

---

1. 在希腊神话中,仙女安德洛墨达(Andromeda)是埃塞俄比亚国王克普斯和王后卡西欧佩亚的女儿,因王后不断炫耀女儿的美貌而激怒了海神波塞冬的妻子安菲特里忒,在安菲特里忒的请求下,波塞冬派出海怪赛特斯去破坏埃塞俄比亚,直到安德洛墨达被铁链锁在海岸边的石崖上作为献祭。在千钧一发之际,安德洛墨达被珀耳修斯所救,珀耳修斯用美杜莎的头把海怪变成了石头。

地面对死亡、庄严地行使权力等时刻,应该怎样完美地显现。它们就如同这些观看者兼所有者可以将手臂随意伸进去穿在身上的衣服。因此,对于所描绘事物的纹理的逼真性就备受关注。

观众-所有者没有将自己等同于绘画的表现对象。移情作用会在欣赏的更单纯且更自然的层面出现。绘画的题材(表现对象)甚至都没有正视作为一种外部力量的观众-所有者;这些表现对象已经归他们所有了。观众-所有者反而从绘画表现的对象中获得了自我身份的认同。他们看到了他们自己或他们想象的自我被绘画表现对象的理想化外表遮蔽。他们发现这些外表掩盖着他们所相信的自己的人性。

16世纪到19世纪典型的宗教或神话题材的绘画是极其空洞的。只是我们没有看到这一点而已,因为我们被艺术史赋予这些绘画的文化表象所欺骗。典型绘画中的人物只是表面上与其画中的环境相关联;他们看上去像是可以与其周围事物分离的:他们面无表情,巨大的身躯显得刻板而软弱无力——甚至行动也软弱无力。这不能解释为因艺术家的笨拙或缺乏天赋所致;远古的作品,即便是低级的想象,也是极富表现力的。这些绘画之所以空洞无聊,是因为它们建立在用途与传统之上的功能是无意义的。它们需要变得空洞。它们的意图并非表现或给人启发，而是遮盖其拥有者有计划、有步骤的幻想。

架上绘画通过其自身的表现手段参与了一种对物质世界的隐喻性挪用：通过其图示法使其屈从于少数特权阶层对基督教与古典世界的所有人类价值的占用。

我见到一幅颇为平凡的17世纪荷兰人的自画像。可是这位画家的容貌带有一种自画像中并不少见的品质。一种追根究底的惊异表情，这种表情显示出一种对其所见事物的略微的质疑。

有一些绘画超越了它们所归属的传统。这些绘画关乎一种真实的人性。它们见证其艺术家们的直觉意识，即生活远大于可用的传统的表现生活的手段，并且其戏剧性事件比符合习俗的图像法所能接受的更加紧迫。错误就在于将这些例外的事物与传统规范相混淆。

传统及其规范是值得研究的，因为我们会从中发现在其他任何地方都不能发现的欧洲统治阶级观看世界和他们自己的方式。我们可以发现他们的一些幻象类型。我们可以看到生活被重新编排以衬托他们自己的形象。并且我们偶尔可以瞥见甚至在那些平凡的作品中——通常是在风景画中，因为它们与独处的经历有关，其想象力没有太多地受到社会习俗的限制——试探性的对另一种自由的想象，一种不同于挪用权的自由。

在某种意义上，每一种文化都挪用或设法将真实的和可能的世界占为己有。在另一种意义上，所有人都为自己而获取经验。后文艺复兴时期的欧洲通常的做法与其他任何文化的不同之处，就在于它将所有获得的东西都转换成商品；因此任何东西都成了可交换的。没有任何事物是为其自身的目的而被占用的。每一个客体、每一种价值观都可以转化为另一种形态——甚至可以转变为它的对立面。在《资本论》中，马克思引用了克里斯托弗·哥伦布1503年的文字："利用金钱，人们甚至可以将灵魂送入天堂。"没有什么东西是其自身固有的。这就是欧洲资本主义最根本的精神暴力。

架上绘画被完美地配上了画框。画框凸显被框起来的图画，构成了一种封闭的、连贯的且绝对严谨的，属于它自己的系统。画框标志着一种自主秩序的范围之边界。对构图及其绘画虚幻却又无处不在的三维空间的需要，构成了这种秩序的严格准则。与这种秩序协调一致的，便是对真实人物和客体的表现形式。

所有传统的模仿技巧都专注于使这些表现形式看上去尽可能地具有触手可及的真实感。然而，每一部分都要服从于整体中的一种抽象的、人为的秩序。（形式主义的绘画分析，以及所有创作规则的经典示范就证明了这种屈从的程度。）一些部分看起来是真实的，实际上却是密码。它们是一个综合却又隐形的、封闭的系统中的密码，尽管这系统自诩为开放的、自然的。

这就是架上绘画所表现的专横，由此便产生了判断欧洲传统中典型与特殊作品之差别的基本准则。作品所描绘的事物是坚持其固有的价值观，还是已经屈从于这个专横的系统了呢？

今天的视觉图像不再作为一种私人娱乐和确认欧洲统治阶级地位的来源；相反，它们成了一种通过大众传媒和公共宣传而获得对其他艺术形式的控制力的工具。可是，将这些近期的商业性发展与欧洲艺术的神圣化传统加以比较是错误的。它们的参照是不同的：它们或许为一个不同的即时性目的服务；但它们确定的原则是相同的——一个人就是他所拥有的一切。

德拉克洛瓦[1]在我看来是第一位对画架绘画传统所限定的一些东西表示怀疑的画家。后来，其他的艺术家对传统的质疑和反对更加强烈。塞尚[2]从内部默默地摧毁了它。值得注意的是，两种最持久并且最激进的创造替代性传统的尝试发生在20世纪20年代的俄国和墨西哥，在这两个国家，欧洲的模式被肆意地强加于它们本土的艺术传统。

对当今大多数年轻艺术家而言，画架绘画的时代已结束的观点是不证自明的。他们在其作品中试图从媒介、形式、反应这几个方面确立新的范畴。但是，传统难以消亡并且仍然在我们对过去的看法、我们对视觉艺术家的作用的观点，以及我们对文明的定义这几个方面产生着巨大的影响。为什么消亡需要这么长的时间呢？

因为所谓的美术，尽管已经发现了新的素材和新的方法，但仍未找到新的社会功能来取代画架绘

---

1. 欧仁·德拉克洛瓦（Eugène Delacroix，1798—1863年），法国19世纪著名画家。
2. 保罗·塞尚（Paul Cézanne，1839—1906年），法国后印象主义画家。

画落伍的功能。为艺术创造新的社会功能不是仅凭艺术家的能力便可实现的。这样的新功能只能产生于革命性的社会变迁之中。由此,真诚而实实在在地、富有建设性地与现实本身相联系,触及人真正的样貌而不是关注为少数特权阶级服务的视觉仪式,这一切对艺术家来说将是可能的;那么,可能会是这样一种情形:艺术将与欧洲艺术中常常被排除的东西重新建立联系——与那无法被挪用的东西建立联系。

1970年

✈ 透纳与理发店

从未有过任何一个画家像透纳一样。这是因为他在他的作品中融入了许多不同的元素。有一个强有力的论点宣称：是透纳，而非狄更斯或华兹华斯或沃尔特·司各特或康斯特布尔[1]或兰西尔[2]，以其天赋最充分地表现了英国19世纪的品质。或许正是这一点才能说明一个事实，即透纳是唯一一位无论在其生前还是在1851年去世之后都对英国大众有着某

---

1. 约翰·康斯特布尔（John Constable，1776—1837年），19世纪英国的风景画家。
2. 埃德温·亨利·兰西尔爵士（Sir Edwin Henry Landseer，1802—1873年），19世纪画家、雕塑家，以动物绘画而闻名，但他最著名的作品却是英国伦敦特拉法加广场的一组狮子雕塑。

种持续吸引力的重要艺术家。直到最近，广大的民众才感受到，不知为什么，透纳神秘地、默默地表达的某种东西（从某种意义上说，他的想象摒弃或排除了话语）就是他们自己的各种经历之根基。

透纳出生于1775年，是伦敦市中心的后街小巷里一个理发师的儿子。他的叔叔是一个肉商。他们全家住在泰晤士河附近。在透纳的一生中，他经常出门旅行，而在他所选择的大多数主题中，水、海岸线，或河流、河畔不断复现。在其生命的最后几年，他——化名为布思船长，一位退休的船长——居住在切尔西河更下游的地方。中年时期，他住在哈默史密斯和特威克纳姆，它们都俯瞰着泰晤士河。

他是个神童，九岁时就已开始通过为版画着色挣钱了；十四岁时就进入了皇家艺术学院。十八岁时，他已经有了自己的画室，没过多久，他父亲就放弃了自己的职业，成了他儿子画室的助理和勤杂总管。这对父子之间的关系显然是亲密的。（画家的母亲因精神失常去世了。）

我们不可能确切地知道是什么样的早期视觉体验影响了透纳的想象力。但一个理发店中的某些视觉元素与画家成熟风格中的某些元素之间却有着极大的相似性,这一点应该随时被注意到,而无须详尽的解释。仔细看一下他后期的绘画并想象一下,在后街小巷的一个理发店里,水、泡沫、蒸汽、闪闪发光的金属、布满水蒸气的镜子,白色的碗状水盆或水池里肥皂液被发刷搅动,碎屑沉积。思量一下,他父亲的剃刀和调色刀之间的对等关系,尽管透纳受到一些批评,并且不顾流行的使用方法,他还是坚持主张对调色刀更广泛的运用。更深刻地——在孩子般的幻觉效应层面——绘画总是具有组合的可能性,这便是理发店所暗示的血与水、水与血的混合。透纳在二十岁时就计划创作一幅源自《启示录》主题的绘画,题为"水变成血",可是他从未画它。但在视觉上,通过表现日落和火焰,它已成为他数以千计的后期作品与研究的主题。

透纳的许多早期风景画都或多或少地带有古典色彩,重返克洛德·洛兰[1]的绘画风格,但也深受早期荷兰风景画家的影响。这些作品所表达的情绪就是好奇。表面看来,它们平静、"庄严",或带有淡

---

1. 克洛德·洛兰(Claude Lorrain,约1600—1682年),法国画家,巴洛克时期著名的画家和蚀刻师。自他开始,法国才有了真正意义上的风景画。

淡的乡愁。然而，最终人们意识到这些风景画与艺术的关系远比其与自然的关系更密切，并且作为艺术，它们可谓一种拼凑模仿的形式。而且在模仿中总带有一种焦虑不安或绝望。

自然作为暴力进入透纳的作品中——或者更确切地说，进入他的想象之中。早在1802年，他画了一幅暴风雨肆虐的加来码头的作品。不久以后，他绘制了另一幅阿尔卑斯山脉的暴风雨。然后，他画了雪崩。直至1830年，他的作品包含两个方面，即显而易见的平静与动荡不安的并存，但动荡不安逐渐变得越发占据主导地位。最终暴力本身在透纳的想象中便具有了暗示性；它不再取决于主题。例如，题为"和平：海葬"的绘画就以其自己的方式，如同《暴风雪》一样猛烈。前者就像一处被烧灼的伤口的图像。

透纳绘画作品中的暴力似乎是自然的元素：它是由水、风、火体现的。有时它显现出一种仅仅属于光的品质。在其关于一幅晚期画作的名为"站在阳光下的天使"的文章中，透纳曾写道，光吞噬着整个可见的世界。可是，我相信他在自然中发现的暴力只是充当一种证明，以证实他自己那富有想象力的幻象中固有的东西。我已经暗示过这种幻象如何在一定程度上可能是源于童年经历。后来，它会被证实，不但被天性，也被人的事业心所证实。透纳经受过英国工业革命最初的世界末日般的动乱阶段。蒸汽比理发店里所充斥的任何东西都更有意义。朱红色意味着火炉，也预示着鲜血。风通过阀门呼啸而出，如同在阿尔卑斯山脉上空呼啸。他认为那吞噬了整个可见世界的光与新的高效能源极为相似，挑战并摧毁着先前关于财富、距离、人类劳动、城市、自然、上帝意志、儿童、时间等的观念。将透纳视为一名技艺精湛而富于自然效果的画家是错误的——那或多或少就是官方对他的评价，直到罗斯金[1]对他的作品做了更深刻的解读。

英国19世纪上半叶带有深刻的非宗教色彩。这种状况或许促使透纳象征性地利用自然。没有任何其他令人信服而又便利的象征主义系统来表达深刻的道德诉求，而其道德观念又无法直接表达。《海

---

1. 约翰·罗斯金（John Ruskin，1819—1900年），英国19世纪著名艺术评论家。因《现代画家》一书而成名，书中高度赞扬了威廉·透纳的绘画创作。

葬》展示的是画家大卫·威尔基爵士[1]的海葬，他是透纳为数不多的朋友之一。这幅画涉及的是冥冥之中发生的事。但是，作为一种声明，它本质上是一种抗议还是一种接受呢？我们究竟要更多地考虑那不可思议的黑色船帆，还是远处那难以置信的光芒四射的城市呢？这幅画提出的一些问题是道德层面的——所以，如同透纳的许多后期作品，它带有几分幽闭恐惧症的特质——但是，给出的种种答案却都是模棱两可的。难怪透纳所赞赏的是在绘画中提出质疑的能力，陷入谜团的能力。"伦勃朗，[2]"他钦佩地说，"对那最低劣的平民作品表露出一丝神秘的疑惑。"

透纳从其职业生涯之初就以一种毫不掩饰的竞争姿态表现出极强的雄心壮志。他想要获得别人的认可，不仅仅是作为他那个时代他的国家最伟大的

---

1. 大卫·威尔基爵士（Sir David Wilkie, 1785—1841年），苏格兰著名画家，尤其以风俗画见长。他主要居住在伦敦，但不幸的是当他从第一次中东之行返回时，于直布罗陀海峡遇难身亡，葬身大海。
2. 伦勃朗·哈尔曼松·范·莱因（Rembrandt Harmenszoon van Rijn, 1606—1669年），欧洲17世纪最伟大的画家之一，也是荷兰历史上最伟大的画家，早年师从荷兰黄金时代画家彼得·拉斯特曼（Pieter Lastman, 1583—1633年），画作体裁广泛。

画家，还要跻身于有史以来最伟大的画家之列。他自认为可以与伦勃朗和华托[1]比肩。他相信自己在绘画上超越了克洛德·洛兰。这种争强好胜与一种明显的厌世和贪婪倾向相伴而生。他对自己的创作方法过分地守口如瓶。从某种意义上说，他是一个隐士，因为他选择离群索居的生活方式。他的孤独处境并非因被忽视和不被认可而产生的后果。从很小的时候起，他的事业就非常成功。当他的作品变得更富于原创性时，他却遭到了批评。有时，他那孤独的怪癖被称为精神失常；但是，他从来都被视作一位伟大的画家。

他创作的诗歌与他的绘画主题相同，无论是写作还是偶尔举办艺术讲座，他都运用夸张却又索然无味的语言。与人交谈时他沉默寡言，语焉不详。如果有人说他富有远见，那必须具体说明，强调其顽固的经验主义。他更喜欢独自生活，但又要确保自己在一个高度竞争的社会里有所作为。他具有宏伟的愿景，在其绘制这些景象时极富建树，但当他写作关于这些愿景的作品时却只会夸夸其谈；然而

---

[1] 让-安东尼·华托（Jean-Antoine Watteau, 1684—1721年），法国18世纪洛可可时期的画家。其代表作品有《舟发西苔岛》《猎人行》等。

作为一位艺术家，他最严肃、自觉的态度便是讲求实际和近乎手工艺的方式：将他吸引到某一题材或特别的绘画技法上的就是他所说的**实用性**——产出一幅绘画的能力。

透纳的才能是19世纪的英国所呼唤的一种新型才能，但这种才能通常出现在科学或工程或商业领域。（不久之后，同类的天才在美国出现，扮演着英雄的角色。）他有能力取得非凡成就，但成功并不能使他满足。（他留下了140 000英镑的财富。）他觉得自己在历史上孑然一身。他具有全球化的视野，那是无法用语言表达的，唯有凭借**实际的**创作方能呈现。他设想人在其无法控制的巨大力量面前是渺小的存在，尽管人已发现了这种力量。他近乎绝望，却为一种异乎寻常的创作精力支撑着。（他死后，在他的画室里藏有19 000幅素描、水彩画，以及几百幅油画。）

罗斯金写道：透纳作品蕴含的主题即是**死亡**。我认为更确切地说，是孤独和暴力以及难以实现的救赎。他的大多数绘画仿佛是表现犯罪的恶果。这些绘画中如此令人不安之处——事实上是使它们看起来迷人的东西——并非内疚，而是它们所记录的全球的冷漠无情。

透纳在其一生几次引人注目的场合中都能够通过他所见证的真实事件表现他的愿景。1834年10月，国会大厦发生火灾。透纳冲到了现场，绘制了狂暴场景的草图，并于次年为皇家学院创作完成了这幅绘画。几年之后，六十六岁时，他在一场暴风雪中登上了一艘汽船，而后把这次经历绘制出来。每当一幅基于一个真实事件的绘画出炉时，他便在标题中或者在其目录的注解中强调，这幅画是亲身经历的产物。就好像他希望去见证那种生活——无论是怎样的冷酷——去确认他的愿景。《暴风雪》这幅画的全称是《暴风雪。驶离港口的汽船在浅水区发出信号并在前面领航。作者亲历，精灵阿里尔离开哈里奇港湾的暴风雪之夜》。

当一个朋友告诉透纳他的母亲喜欢这幅关于暴风雪的绘画时，透纳评论道："我画这幅画不是为了让人去理解，而是想要展示这是怎样的一种场景：我让水手们把我捆绑在桅杆上以便观察那场景；我被绑在那里四个小时，没有期待逃离，而如果我有所期待，我感到我注定要记载这一切。然而没有人会无缘无故地喜欢上这幅画的。"

"但是我的母亲恰好经历过这样的场面，这幅画又唤起了她对那一切的记忆。"

"你母亲是个画家吗?"

"不是。"

"那么,她应该在想着别的事情。"

问题是,究竟是什么使这些作品令人喜欢或令人反感,使其如此新颖,如此与众不同的呢?透纳超越了传统风景画的原则,即一幅风景画就是在你面前展开的值得关注的事物。在《焚烧国会大厦》中,那场景开始延伸至画的边缘之外。它开始向观众周围伸展,试图从侧面迂回地将他包围。在《暴风雪》这幅画中,这种趋势变成了现实。如果一个人真的容许他的眼睛被画布上的形状和色彩吸引,他便开始意识到,当凝视着它时,他就像处于大旋涡的中心:不再有远和近的感觉。比如,突然向远处倾斜并不会如人们所期待的那样进入画中,而是从画中出来,偏向右手边。这是一幅排除局外人和旁观者的绘画。

透纳肉体的勇气必定是相当可观的。而相对于他自身的经历,他作为艺术家的勇气也许更强大。他对那种经历的再现如此真实,以至于摧毁了他曾经为之自豪的他所归属的那种传统。他的绘画不再表现总体。《暴风雪》就是一切的总和，它可以被绑在船桅杆上的人看到并理解。在它之外什么都没有。这就使任何人都喜爱这幅画的想法变得荒唐可笑了。

或许透纳没有准确地用这些术语去思考。但他凭着直觉遵循了情景的逻辑。他是一个孤单的人，被那些不可调和的、冷漠的力量包围着。人们不可能再相信他所看到的始终都是从外部被观察到的——即使这种想法会是一种安慰。部分已不再能被看作整体。要么是一切，要么皆无。

在更实际的意义上，他知道其毕生作品中整全的重要性。他不情愿出售他的绘画作品。他想要将自己的绘画尽可能多地保存在一起，而且他变得痴迷于将作品遗赠给国家以便它们被作为一个整体展出的想法。"把它们保存在一起"，他说。"若不放在一起，它们有什么用处呢？"为什么？因为只有这样，它们才能令人信服地承载关于他的经历的牢固见证，他相信自己的经历前所未有，并且没抱有太大的希望让后人理解。

1972年

✈ 食者与食物

"消费社会"常被广泛议论,仿佛它是一个相对新生的事物,其实它至少是一百年以前经济和技术发展过程中顺理成章的结果。消费主义是19世纪中产阶级文明所固有的本质。消费既满足了文化的需求,也满足了经济的需要。如果我们考察一下最为直接并且最简单的消费形式——吃,那么,这种需求的本质就变得越发清楚了。

中产阶级如何处理食物呢?如果我们区分并界定这种具体的方法,当它广泛传播时我们就能够认识它。

由于民族和历史的差异,这个问题会变得很复杂。法国的中产阶级对食品的态度与英国不同。一位德国的市长坐下来用餐的姿态与一位希腊的市长略有不同。在罗马的一个时尚宴会与哥本哈根的时尚宴会稍有不同。特罗洛普[1]和巴尔扎克描写的用餐习惯和姿势现在到处都找不到了。

然而,如果人们比较一下相同地理区域的中产阶级的用餐举止和与之极不相同的用餐方式——农民的用餐举止,一种全貌图,一种概览便显现出来。而工人阶级的用餐习惯比起其他两个阶级更缺乏传统,因为这两个阶级更易于受到经济波动的侵害。

在世界范围内,中产阶级和农民之间的差别与充足和匮乏之间的强烈反差有着密切的关系。这种反差相当于一场战争。但是,就我们现在限定的目标而言,这并非饥饿与过量饮食之差别,而是关于食物的价值、膳食的意义以及饮食行为的两种传统观念的区别。

在一开始,值得注意的是中产阶级观念自身的一个矛盾。一方面,膳食在资产阶级生活中有一种常规的象征性意义;另一方面,他们认为讨论饮食是轻浮的。比如,这篇文章就其性质而言就不能算

---

1. 安东尼·特罗洛普(Anthony Trollope,1815—1882年),19世纪英国作家。其代表作品有《巴彻斯特养老院》《巴彻斯特大教堂》等。

作严肃的;而如果它自以为是严肃的,那就太自命不凡了。烹饪的书籍是畅销书,并且大多数报纸都有关于食物的专栏。但它们所讨论的话题却被看作一种纯粹的点缀,并且大多是女性的领域。中产阶级并不把饮食视为一种至关重要的行为。

最重要的正餐。对于农民,这一餐通常是在正中午;而对于中产阶级来说,它通常是指晚餐。个中的主要原因是显而易见的,不需要一一列出。最重要的也许是农民的正餐是在一天的正午,被工作缠绕着。它被安放在这一天的腹部。中产阶级的正餐是在一天的工作之后,标志着白天与夜晚之间的转换。它更接近于一天头部(假如这一天以双脚站立而开始),并且更接近于睡梦。

在农民的餐桌上,食器、食物和食者之间的关系是亲密的,而且使用和处理被赋予了一种价值。每个人都有自己可以顺利从口袋里取出的刀子。这刀子是用旧了的,除了用于吃饭还有许多用途,并且它好使又锋利。只要有可能,一顿饭自始至终都使用同一个盘子,并且在享用菜肴的过程中会边吃面包边用面包将盘子清擦得干干净净。食物和饮料摆放在所有人面前,每个用餐人都取自己的那一份。

譬如：他将面包拿到自己跟前，给自己切下一片，再将面包放下给另一个人，享用奶酪和香肠也是如此。使用、使用者与食物之间的连续性被视为自然的。分裂是极小概率的。

在中产阶级的餐桌上，所有的东西都保持原封不动，并且都是分开的。每一道菜肴都有它自己的餐具和盘子。一般而言，餐盘不是通过用餐而清理干净的——因为用餐和清洗是两种不同的活动。每个用餐者（或雇员）都拿着大盘子，以便另一个人自助用餐。一顿膳食包含一系列互不相连的、原封不动的赠品。

对于农民而言，所有的食物都代表着已完成的工作。这工作可能是也可能不是他自己或他全家的，而如果不是，那么食物所表征的工作与他自己的工作就成了可直接交换的。因为食品代表着体力劳动，食者的身体已经"知道"它将要吃的食物。（农民对第一次食用任何"外国"食品的强烈抵制一定程度上是因为它在工作进程中的起源尚"不清楚"。）他并不期待对食物感到惊奇——除了有时对其质量感到惊讶。他对自己的食物就像对自己的身体一样熟悉。食物对他身体的作用与先前的身体（劳动）对食物产生的作用相连续。他在房间里吃饭，这房间正是准备和烹调食物的地方。

对于中产阶级而言，食物不可能直接置换他自己的劳动或活动。（那种归因于自家种植的蔬菜的质量是极不寻常的。）食物是他购买的一种商品。膳食即使是在家里烹制的，也是通过现金交易购买的，购买是在一个专门的房间里进行的：家庭餐厅或饭店。这个房间没有其他用途。它总是有至少两个门或入口。一个门连接着他自己的日常生活；通过这扇门他进入，以便享用食物。第二个门连接着厨房，通过此门制作食品，废物被带走。因此，在餐厅里，食物从其制作中被提取，并且从他日常生活的"真实"世界中被提取。秘密就在两扇门的后面：在厨房的门背后是烹饪秘诀；专业的或个人的秘方，不能拿到桌面上讨论，而要背着别人。

由于被提取、被框限、被隔离，用餐者和被享用的食物便构成了一种与世隔绝的时刻。这一时刻要凭空创造出它自己的内容。这内容趋于戏剧化：用银色餐具、玻璃器皿、亚麻餐巾、瓷器等布置餐桌；灯光效果；相应的礼服；接待客人时细致的座位安排；仪式性的餐桌礼仪；待客礼节。每一幕

（每一道菜）之间的餐桌变化；并且最终人们一起退场，进入更加分散的、轻松自在的情景。

对于农民来说，食物代表着做完的工作，因此也意味着休息。劳动的果实不仅是"果实"，也是从劳动时间中抽出的花费在吃饭上的时间。除了大饱口福之外，他在餐桌上还接受安静的就餐效果。胃口满足了，也就安静了。

对于中产阶级来说，用餐这出戏是一种刺激，远非恬适之事。戏剧性的邀请场景往往会引发用餐时间的家庭剧。典型的恋母情结剧的场景并非按照其应有的逻辑是在卧室，而是在餐桌。餐厅是聚会的地方，在那里，中产阶级家庭似乎自己在公众面前伪装做戏；在那里，利益的冲突和权力之争都是以高度形式化的方式进行的。理想的中产阶级戏剧，无论如何都是一种款待。在这里使用"款待"（entertain）这个词意义非凡，意思是邀请客人。可是款待总是表现出其相反的意思，即令人厌倦的事。厌倦萦绕着与外界隔绝的餐厅。由此，重点被有意识地放在用餐时的谈话、巧妙的措辞与交际上。但是，幽灵般的厌倦也是这种饮食方式的特征。

中产阶级人士饮食过量，尤其是肉食。一种身心上的解释可能是,他过度进取的竞争意识迫使他用一种能源——蛋白质去保护自己。(正像他的孩子们用糖果来保护自己,以防情绪低落。)然而,文化上的解释也很重要。如果这顿饭规模宏大,所有用餐人都分享其成果,是极不可能有厌倦感的。共享的成果根本就不是烹饪的,它是财富的实现。财富从自然中获取了什么,是一种宣誓书,证明生产过剩和无限的增长是自然的。种类多、数量大、食物的浪费可证明财富的**必然性**。

在19世纪,(英格兰)用山鹑肉、羊肉和麦片粥做早餐,三种肉类和两种鱼类做正餐,这些都是净量,其证据从自然算术中获取。现如今,随着现代运输和制冷手段的发展,日常生活节奏的加快以及对"仆人"阶层的不同使用,这种壮观的场面是通过另一种方式实现的。丰富多样的、带有异国情调的食品大都是在淡季获得的,并且其菜肴来自世界各地。中国烤鸭摆在鞑靼牛排和红酒炖牛肉旁边。这份宣誓书(书面陈述)不再是只从与数量相关的自然中获得。它也来自历史,从而证明财富如何将世界联合起来。

通过使用大通道,罗马人将味觉与胃口分离以寻求"快乐"。中产阶级将饮食行为与身体区分开，以便使它第一次成为一种壮观的社会需求。食用芦笋这一行为的意义并不是我在愉快地吃着它；而是我能在此时此地吃它。最典型的中产阶级的一顿饭对于每一位用餐者来说，都是一系列各不相同的礼物。每一份礼物都可能是一个惊喜。但每件礼物所包含的信息却是相同的：**世界很高兴为你提供食物**。

最重要的正餐与庆祝活动或宴会之间的区别对于农民来说是非常清晰可辨的，而对于中产阶级却时常是模糊不清的。（这就是为什么我在上面写到的那些用餐方式对于中产阶级而言近乎宴会。）对于农民来说，他每日吃什么、如何吃会一直伴随他的余生。现世的生命节奏是循环往复的。食物的重复与季节的重复相似，也与季节的重复相联系。他的日常饮食是地方性的，并且是应季的。因此，可买到的食品及其烹饪方法、他每日饮食的变化，都标志着一生中反复出现的瞬间。对吃饭感到厌倦就是对生活厌倦。这种情况时有发生，但只是发生在个人不幸极为明显的人身上。宴会，无论规模大小，都是为了庆祝一个特别的、反复出现的瞬间或不可重复的时刻。

通常中产阶级的宴会与其说具有现时意义，莫如说它具有社会意义。它并非时间上的留痕，而是一种社会需求的满足。

对于农民来说，一旦时机成熟，宴会就以食品和饮料开始，因为食品和饮料鉴于其稀有或特殊的质量，就是为了这样的时刻而保存或储存备用的。任何宴会，即使是即兴举办的，一定程度上也是准备了多年的。一场盛宴就是对所储存的盈余和多于或超过日常需求的过剩产品的消耗。压榨和耗尽一些剩余产品，宴会便成了双重庆祝——庆祝举办这场宴会的时机，也庆祝这种盈余本身。因此，与之相伴的是缓慢的节奏，浓厚的情意和积极的、兴高采烈的精神状态。

宴会对于中产阶级来说意味着一种额外的费用。宴会的食物与一顿家常便饭的区别就在于花钱的数额。真正的对一笔盈余的庆祝是超出他能力范围的，因为他永远不会有多余的钱。

这些对比的目的不是为了把农民理想化。农民的态度，从严格的意义上说，多半是**保守的**。至少在最近，农民对物质现实的保守主义态度阻碍了其对现代世界的政治现实的理解。而这些现实原本就是资产阶级创造的。资产阶级曾经拥有，并且在一定程度上依然保持着一种对他们自己所创造的世界的统治权。

我曾试图运用比较的方法，通过考察饮食行为去概述两种获取模式和两种占有模式。如果人们考察所比较的每一点，便会很清楚，农民的饮食方式是以饮食行为本身和所吃的食物为核心的：它是向心性和物质性的。然而，资产阶级的饮食行为则以幻想、仪式和壮观的场景为中心：它带有离心力与文化品味。前者会心满意足地完善自己；后者则从未完善，却能吊人胃口，勾起那实质上无法满足的食欲。

1976年

➼ **西装和照片**

奥古斯特·桑德[1]在拍照前对那些摆姿势被拍照的人都说了些什么？他是怎么说的，以至于让他拍照的人都以同样的方式信任他呢？

他们每个人都以同样的眼神注视着照相机。至于其中存在的一些差别，那是这些被拍的人的不同经历和性格所导致的结果——牧师过着与裱糊匠

---

1. 奥古斯特·桑德（August Sander，1876—1964年），德国摄影家，擅长从动作里捕捉个人的特性；他也是一位纪录片摄影师，对德国人民的一系列肖像研究跨越了三个时代：德意志帝国、魏玛共和国和纳粹德国，以及每一个社会阶层，在历史的动荡时期形成了一个迷人的社会镜像。

完全不同的生活；但在他们所有人看来，桑德的照相机表现的是同样的事情。

他只是说过他们的照片将成为历史记录的一部分吗？然后，他以这样一种方式指涉历史，使他们的虚荣心和羞涩渐渐消失，以便他们用一种奇怪的历史记录的时态，边看着镜头边对自己说：**我看起来像是这样**。是这样吗？我们无从知晓。我们只需承认他作品的独到之处，那是他所设计的以"20世纪的人"为总标题的作品。

他的全部目标就是在科隆市周围，他1876年出生的区域，发现那些代表着每一种可能的类型、社会阶层、次阶层、工作、职业、特权的原型。他希望拍摄肖像共计六百幅。可是他的计划却被希特勒的第三帝国中断了。

他的儿子埃里希，一位社会主义者和反纳粹主义者，被遣送到集中营并在那里死去。他父亲将他的档案材料藏在了乡下。今天留下来的是一份极不寻常的关于社会和人类的文献。没有任何别的摄影师为他的同乡拍照时曾显示出如此透明的纪实性。

瓦尔特·本雅明[1]在1931年谈论桑德的作品时写道:

> 作者［桑德］担负起自己的艰巨任务,并不是作为一个学者,得到了种族主义理论家或社会研究者的忠告,而是,用出版商的话来说,"由于直接观察的结果"。这的确是无偏见的观察,大胆而精致,非常符合歌德言论的精神:"带有一种经验主义的精致形式,与其客体如此密切地融为一体,因而它变成了理论。"因此,像德布林[2]这样的观察者可以准确地发现这件艺术作品的一些科学面相,并指出:"正如有一种比较解剖学能够使人了解器官的本性及发展过程,这里摄影师也同样创建了一种比较摄影术,

---

1. 瓦尔特·本迪克斯·舍恩弗利斯·本雅明(Walter Bendix Schoenflies Benjamin, 1892—1940年),欧洲极富影响力的学者、文人,生于德国柏林一个富有的犹太家庭,曾在弗莱堡、慕尼黑、柏林和伯尔尼研究哲学,1933年被纳粹驱逐出境,1940年9月27日,于西班牙一个边境小镇被迫自杀。
2. 阿尔弗雷德·德布林(Alfred Doblin, 1878—1957年),德国表现主义时期左派作家。主要作品有《柏林,亚历山大广场》《王伦三跳》《华伦斯坦》《山、海和巨人》等。曾与人合办表现主义运动的主要杂志《风暴》,后与表现主义运动决裂。

由此获得了一种使他处于摄影师所关注的细节以外的科学的立场。"这一想法是合理的。如果经济状况阻止了这部非凡的文集的进一步出版,那将是令人惋惜的……桑德的作品不只是一本画册,它是一部给人以指教的图谱。

我希望从本雅明那具有探究精神的评论中考察桑德的著名照片:三个年轻农民晚上去参加舞会的途中。这张照片中包含着的描述性信息堪比叙述大师左拉用数页篇幅所传达的信息。此时我只想探讨一样东西,即他们的西装。

那是1914年的一天。这三个年轻人至多属于欧洲乡村曾经穿过这样的西装的第二代。二十年或三十年前,还没有农民能买得起像这样价格便宜的衣服呢。在今天的年轻人中,至少在西欧的乡村,正式的深色西装已经很少见了。但在本世纪的大部分时间里,大多数农民——并且大多数工人——在正式场合、礼拜日和节假日都穿深色的三件套西装。

在我居住的村子里,当我去参加葬礼时,无论是与我同龄的还是比我年长的人仍然都穿着西装。当然样式有一些改变:裤子和外套的翻领的宽度,以及上衣的长度都有所改变。但是，西装外观的特性及其承载的信息没有改变。

让我们先关注一下其外观的特性。或者更确切地说，当村民穿着它时的外观特征。然后看一下第二张乡村乐队的照片，以便让我的概括更令人信服。

桑德于1913年拍摄了这一群像，可是，这很可能就是那三个人拄着拐杖，沿着小路前去参加的那场舞会上的乐队。现在就做一个实验。用一张纸挡住所有乐队成员的脸，而后只注视他们穿着衣服的身体。

无论你发挥怎样的想象力也不会相信这些身躯属于中产阶级或统治阶层。他们也许属于工人群体，而非农民；但是除此之外，毫无疑问。他们的手也不能提供线索——正如你触摸这些手时的情形一样。那么，他们所归属的阶级为何如此显而易见？

这难道是时尚和他们西装布料的质量问题吗？在现实生活中，这样的细节是能说明问题的。在一幅小的黑白照片上，它们是不明显的。可是，这静态的照片或许比真实生活更生动地展示出为什么这些西装非但没有掩饰那些穿西装的人的社会阶层，却突显和强调了其社会阶层的最根本原因。

他们的西装扭曲了他们的形体。穿着西装,他们的身体看上去好像是畸形的。一种过去的服装风格往往会看起来怪模怪样,直至它再次被纳入时尚。的确,时尚的经济逻辑所依赖的就是使过时的东西看上去荒唐可笑。但是,这里我们主要面对的并非那种荒谬;此处,服装看起来并不如穿着它们的人们的身体更荒谬、更"反常"。

这些音乐家给人以不协调、罗圈儿腿、胸肌如水桶状、屁股下沉,扭曲或如同不等边三角形一般的印象。右边的那个小提琴演奏者被弄得看起来近乎一个侏儒。他们的异常行为中没有一个是极端的。他们没有引起同情。他们只是充分地破坏了身体的尊严。我们注视着这些看上去粗俗、笨拙、牲畜般的身体。并且,如此这般地无可救药。

现在做另一个与之相反的实验。将他们的身体覆盖并且只关注他们的脸,都是乡村的面孔。没有人会猜想他们是一组律师或者总经理。他们是来自乡村的五个男人,喜爱制作音乐,并且是带着某种自尊制作音乐。当我们看着这些面孔时,我们会想象他们的身体是什么样的。而且我们所猜想的与我们刚才看到的大不一样。在想象中,我们看到他们就如同他们的父母在他们不在场时回想起他们时那样。我们赋予他们其所具有的正常人的尊严。

为了使论点更清晰,现在让我们观察一幅图像,当定制的衣服没有使其变得畸形,反而能"保护"其实际的身份,因而也能保护那些穿上这些衣服的人的自然权威时。我刻意选取了桑德的一张看上去有些老式的,并且能轻易被用于拙劣的模仿的照片:1931年拍的四位新教传教士的照片。

尽管照片上的人举止生硬做作,可是遮住其面孔的实验甚至是不必要的。显然,此处的西装实际上确定并且强化了那些穿这类西装的人的实体存在。衣服和面部表情传达着同样的信息,也同样能表达隐藏在衣服下面的身体的经历。西装、经历、社会形态与功能是不谋而合的。

现在再回头看看在去参加舞会途中的那三个人。他们的手看起来太大了,他们的身体太瘦,他们的腿太短。(他们拄着拐棍仿佛是在驱赶牲畜。)我们可以做同样的遮挡脸部的实验,并且其效果会与用那乐队的照片做的实验完全一样。他们可以只戴上帽子,似乎这些帽子很适合他们。

这实验会把我们引向何处?只是得出这样的结

论,即农民不会买质量好的西装,也不知道怎么穿西装?不是,这里所探讨的问题是,一幅图像,即使是微不足道的小图像(也许是现存的众多图像之一),那也是葛兰西[1]所称的阶级霸权的实例。让我们更仔细地看看其内在的矛盾。

大多数农民,如果没有患营养不良症的话,都是身体强壮并且发育良好的。发育良好是因为他们所从事的是非常不同的艰苦的体力劳动。列出其体貌特征的清单是再简单不过的了——因为从小就用手干活儿而造就的一双宽大的手,肩膀相对于身体而言更宽,是扛东西的习惯所致,诸如此类。其实,也存在着许多变化和例外。然而,人们可以谈论一种大多数农民,无论男女,都养成的典型的身体节奏。

这种节奏与一天要完成的工作量所需的精力有直接关系,而且体现在其典型的身体动作和姿势上。这是一种全面伸展的节奏,未必是缓慢的。传统的用长柄镰刀收割或拉锯的动作可以示范这种节奏。农民骑马的方式与众不同,他们走步的方式也独具

---

1. 安东尼奥·葛兰西(Antonio Gramsci, 1891—1937年),意大利共产党创始人之一,20世纪著名马克思主义理论家。

特色，犹如用每一步幅来检验地球。此外，农民具有特别的体魄的庄重：这是由一种功能主义，即一种努力保持**完全舒适自在**的行为方式所决定的。

正如我们今天所了解的，西装产生于欧洲，是作为19世纪最后三十多年统治阶级的一种专业服装而出现的。就像一件制服一样几近平淡无名，可它却成了最初的统治阶级的服装，以充分理想化地表现那**久坐不动**的定力。那是行政官员和会议桌的控制力。说到底，西装是为了谈话的手势和抽象的计算姿势而制作的。（这不同于以前的上层社会服装，那是为了方便骑马、打猎、跳舞、双人决斗的姿态而设计的。）

正是英国绅士，带着那种新的刻板模式所暗示的完全显而易见的克制力，开启了西装之先河。它是一种可约束充满活力的动作的服装，并且那些动作会将其弄皱，将笔挺的裤线弄平，从而糟蹋这服装。"马儿浑身是汗，男人挥汗如雨，女人满面红光。"在世纪之交，第一次世界大战之后，大批量生产的西装日益增加，以满足大规模的城市和乡村的市场需求。

身体的不一致是很明显的。试图完全自在放松的身体，习惯于大幅度伸展运动的身体：服装能理想化地表现惯于久坐不动的人、散漫的人、轻松自如的人。我是最不赞成回归传统的农民服装的。任何这样的回归都势必成为对现实的逃避，因为这些服装是一种代代相传的资本形式，在当今的世界，每一个角落都被市场控制，这样的准则是不符合时代潮流的。

然而，我们能够注意到传统劳工作服或正式的服装是如何尊重其覆盖着的身体的特有性格的。一般而言，他们是不受拘束的，只是在某些场所才是拘谨的，那就是在他们被集合在一起以便更自由地活动的场所。他们对定制服装持截然相反的立场，定制服装遵循着那种差不多静止的身体的理想化模型而裁剪，然后挂在模型上。

可是，没有人强迫农民买西装，而那三个在去参加舞会途中的农民显然是为他们自己感到骄傲。他们穿上西装神气十足。这正是为什么西装会成为一种经典，而且也会轻易地通过示范的方式让人领教阶级霸权。

村民们——以及，以不同的方式，城市工人——都被说服去选购西装。被公共宣传、新媒体、推销员和范例说服，被所看到的新型旅行者，也被住所和国家中央机构的政治发展说服。比如，在1900年盛大的世界博览会[1]举行之际，法国所有市长，有史以来第一次受邀到巴黎参加宴会。他们中的大部分是农村公社的农民地方官员。差不多来了三万人！而且很自然，为了这种场合，绝大多数人都穿着西服。

工人阶级——但是农民对此比工人更单纯，更天真——开始接受某些作为*他们自己的*而又支配着他们阶级的时尚品味与服装价值的标准。同时，他们对这些标准的完全认可，他们对这些与他们的遗产和日常经历都毫不相干的规范的极度遵守，都在指责他们：在这些规则系统中，以及在高于他们的阶级看来，他们总能被辨识为二流的、笨拙的、粗俗的、怀有戒心的阶级。那种指责的确是屈从于一种文化霸权。

然而，或许人们可以希冀那三个农民到达了舞会，喝了一两杯啤酒，同时注视着一些女孩（她们

---

[1]. 1900年4月15日至11月12日在巴黎举行的世界博览会，其主旨是庆祝上个世纪取得的重要成就，博览会上盛行的风格是"新派艺术"（Art Nouveau），即流行于19世纪末的欧美装饰艺术风格。

的服装还没有如此明显的变化),他们把自己的短上衣挂起来,摘下领带,也许戴着他们的帽子,跳舞,一直跳舞到清晨和第二天工作的时间为止。

1979年

➤ 克劳德·莫奈的眼睛

塞尚对莫奈的著名评论广为人知,他说:如果莫奈只有一只眼睛,那是多么了不起的一只眼睛啊![1] 现在更重要的或许是承认,并且探究莫奈眼睛里的

---

1. 塞尚的原话是:"莫奈只是一只眼睛。可是我的天,那是多么了不起的眼睛啊!"一语双关。作为画家,莫奈当然有着与众不同的视觉,不仅如此,莫奈确实有一只与众不同的眼睛。紫外光是人眼难以看见的,却并不是每个人的眼睛都能看见,比如说莫奈的右眼,这就是为什么会有人形容莫奈为"Half Bee"(一半蜜蜂)。莫奈在他人生的最后三年里,右眼或许看得到紫外光,像蜜蜂一样。从1900年开始,莫奈的白内障越来越严重,视力越来越差,尝试过各种治疗也无济于事,曾经跟朋友抱怨说他现在看什么都是一团雾。1923年,八十二岁的莫奈终于决定动手术,将右眼球的晶状体移除了。晶状体将紫外光阻挡在外,所以视网膜收不到紫外光的刺激,而移除晶状体的莫奈,看到的会是有紫外光影响的视界。莫奈自己也发现睁着右眼和闭着右眼画出来的两幅画是截然不同的两种色调,前者更多是紫色调,后者更多是大地色调。

忧伤,这是从一张又一张的照片中浮现出的忧伤。

这种忧伤很少引起人们注意,因为它在平常的关于印象主义意义的艺术史中没有立足之地。莫奈是印象主义画派的领军人物——是最持之以恒,最坚定不移的——而印象主义就是现代主义的开端,犹如一道凯旋门,欧洲艺术由此迈进20世纪。

这个版本的艺术史具有一定的真实性。印象主义**确实**标志着与先前欧洲绘画史的决裂,而且随之而来的许多流派——后印象主义、表现主义、抽象派——一定程度上均可视为这第一次现代运动的产物。即便在半个世纪后的今天依然如此,莫奈的晚期作品——尤其是《睡莲》——现在看来预设了像波洛克[1]、托比[2]、山姆·弗朗西斯[3]、罗思科[4]这样一

---

1. 杰克逊·波洛克(Jackson Pollock,1912—1956年),美国抽象表现主义绘画大师,被公认为摆脱欧洲标准的美国画家,标志西方艺术史上的一个转折点。

2. 马克·乔治·托比(Mark George Tobey,1890—1976年),美国画家,其作品的密集结构,受亚洲书法的启发,类似于抽象表现主义。

3. 山姆·弗朗西斯(Sam Francis,1923—1994年),美国版画家,在战后美国绘画中占有重要地位。长期接触法国绘画和日本艺术,深受抽象表现主义的影响。

4. 马克·罗思科(Mark Rothko,1903—1970年),美国抽象派画家,生于俄国,1913年移居美国,曾在纽约艺术学生联合学院学习。他最

(转下页注)

批艺术家的作品。

正如马列维奇[1]所争辩的,可以说莫奈于19世纪90年代初期绘制的那二十幅在一天的不同时间、不同天气条件下观察到的鲁昂大教堂外观,最终系统地证明:绘画的历史再也不会像从前那样了。这一历史从今以后不得不承认每一种外表都可看作一种变异,而且可见性本身应该被视为不断的流变。

此外,如果人们思考19世纪中期资产阶级文化中的幽闭恐惧症,就不可能觉察不到印象主义是怎样以解放的姿态出现的。在户外面对绘画的主题;去直接观察,在可见的范围内赋予光以适当的支配权;使所有的色彩相对化(以便每一件事物都闪闪发光);放弃那些呈现灰暗的传奇和所有直接表现意识形态的绘画;表达广大城市民众所经历的每天发生的事(休息日、去乡村的旅行、轮船、阳光下微

(接上页注)

初的艺术风格是现实主义的,而后尝试过表现主义、超现实主义的方法,最后逐渐抛弃具体的形式,于20世纪40年代末形成了自己完全抽象的色域绘画风格。

1. 卡济米尔·谢韦里诺维奇·马列维奇(Kazimir Severinovich Malevich, 1878—1935年),俄国至上主义倡导者,几何抽象派画家,其绘画具有立体主义和未来主义的特色。

笑的女人们、旗帜、开着鲜花的树木——印象主义画像的词汇是普通人的梦想，期待的、挚爱的、世俗的星期天）；印象主义的纯真——就其消除了绘画的奥秘而言的那种纯真，一切都暴露在光天化日之下，没有什么可以隐瞒，业余画家很容易效仿——所有这一切怎能不被认为是一种解放呢？

我们为什么无法忘记莫奈眼睛中的悲伤，抑或为什么不能单纯地认为这是他个人的事情，认为这是他早年的贫困、年轻时第一任妻子的去世、晚年的视力衰退所造成的结果呢？无论如何，难道我们没有冒险把埃及历史解释为克利奥帕特拉[1]的微笑的结果吗？让我们冒这个险吧。

在创作鲁昂大教堂的外表那幅画之前的二十年，莫奈（他那时三十二岁）画了《日出·印象》，由此批评家卡斯塔格纳里[2]杜撰了**印象主义**这一新术语。这幅画展现的是港口城市勒阿弗尔的景象，那是莫

---

1. 克利奥帕特拉七世（Cleopatra VII，公元前69—前30年），埃及托勒密王朝最后一位女王，才貌出众，聪颖机智，但大心怀叵测，一生富有戏剧性。
2. 朱尔斯-安托万·卡斯塔格纳里（Jules-Antoine Castagnary，1830—1888年），法国政治家、艺术评论家，1874年他创造了"印象主义"（impressionism）这一术语。

奈童年时代生活的地方。前景中是一个人的小巧轮廓，他站在一块小舢板上和另一个人划着船。越过水面，那边的桅杆和吊杆在晨曦中隐约可见。画面上方，一轮橘红色的小太阳低低地挂在天空，画面下方，是火红的太阳映射在水中的倒影。那不是一幅黎明（曙光）的画像，而是描绘一天悄然而至，如同昨天悄悄溜走的绘画。那种气氛令人联想起波德莱尔的《晨曦》，在诗中，即将到来的一天被比作某个刚刚被从睡梦中唤醒的人的哭泣。

那么，到底是什么构成了这幅画的忧伤情绪？为什么类似的风景画，比如透纳的绘画，就没有唤起如此的情绪呢？答案是绘画的方法，确切地说，是那种被称作印象主义画派的实践。稀薄的颜料的透明感表现水面——画布的纹理透过这稀薄的颜料显现出来，轻快的、如破碎稻草一般的笔触暗示着桅杆泛起的涟漪，擦抹的阴影部位，水面上映射着的倒影，视觉的真实与**客观的**模糊性，这一切都渲染了那种临时的、陈腐的、衰老的景象。这是一幅无家可归的画像。它的虚幻性使其根本不可能表现栖身之所。看着它，你的脑海里会出现一个男人，在戏剧舞台上试图寻找回家的路的情景。波德莱尔发表于1860年的诗歌《天鹅》中的诗句，属于面对这种精确的场景同时又与之若即若离时的屏息凝神。

>……一座城市的形貌
>哎，变得比
>人心还快。

如果说印象主义绘画的目的是表现"印象"，那么这意味着观看者和被看者之间的关系会发生怎样的变化呢？（这里的观看者既指画家也指观众。）你不会对一个长期以来你自己觉得很熟悉的场景产生某种**印象**。印象或多或少是稍纵即逝的；它就是那个场景消失或变换后所余留下来的东西。知识可以和已知的东西并存；相比之下，印象则独自存在。无论当时人们怎样专注地根据经验去观察它，这一印象随后就会变得像一种记忆一样，无从核实。（莫奈一生都在一封接着一封的信件中不停地抱怨自己无法完成一幅已经开始的绘画，因为天气、题材、母题都无可挽回地改变了。）场景与观看者之间的新的关系是如此不同，以至于此刻这种景象比观看者更加变化无常、更加虚幻。由此，我们发现我们自己又回到了波德莱尔的诗句："城市的形貌……"。

假定我们考察一幅更典型的印象派绘画带给我们的体验。在创作《日出·印象》(1872年)这幅画的同一年的春天，莫奈画了两幅他在阿让特伊[1]的花园中那棵紫丁香树的图画。一幅展现了那棵树在多云的天气里的样子，而另一幅则是晴天里的树的样子。两幅画都呈现了在那棵树下的草坪上躺着的三个几乎模糊不清的身影，他们被认为是卡米耶，莫奈的第一任妻子、西斯莱[2]和西斯莱的妻子。

在那幅阴天的画面中，这些身影就像是在淡紫色阴影里的飞蛾；第二幅画中，在缕缕阳光的映射下，这几个身影几乎像蜥蜴一样隐而无形。(能泄露他们在场迹象的其实是观看者以往的经验；不知为什么观看者竟然会区分开带有小耳朵的人的侧影的斑点和只有一些树叶构成的几乎相同的斑点。)

---

1. 法兰西岛大区瓦勒德瓦兹省的一个镇，位于巴黎郊区塞纳河畔，是印象派画家群聚绘画的地点。
2. 阿尔弗雷德·西斯莱(Alfred Sisley, 1839—1899年)，侨居法国的英国印象派风景画家，深受莫奈画风的影响，和莫奈一起被视为纯正印象派的真正代表。

在那幅阴暗的图画中，紫丁香树上的花就像淡紫色的铜发出的微弱的光；而在第二幅画中，整个场景都在亮光的笼罩下，犹如新点燃的炉火：两幅画都是被某种不同的光能赋予了勃勃生机，显然不再有衰老的痕迹，一切都散发着光芒。是纯粹光学意义上的吗？莫奈会点头同意。他是一个沉默寡言的人。然而，他的作品却揭示了更深刻的意义。

站在画中那棵紫丁香树前，你会有某种不同于你在以往任何早期绘画面前曾有过的感受。这差别并非新的光学元素的问题，而是你正在看的和你已经看到的事物之间的一种新关系的问题。经过瞬间的自省后，每一个观看者都能辨别这一点；所有可能的差别就是，个人选择的哪些绘画能淋漓尽致地揭示这种新关系。创作于19世纪70年代的绘画中，有数以百计的印象派绘画可供选择。

画中那棵紫丁香树比你之前所看到的任何画作都更精细而且更朦胧。一切都或多或少地屈从于颜色和色调在光学上的精确度。空间、尺寸、行动（历史）、身份，所有这一切都沉浸在光的嬉戏中。在这里，人们必须记住**被描绘的**光与现实中的光不同，它是不透明的。画出来的光遮蔽着、掩盖着被描绘的对象，犹如白雪覆盖着大地的景象。（雪的魅力对于莫奈，是那些遗失的事物仍没有失去最基本的真实性之魅力，或许符合一种深层的心理需求。）那么，这新的能量是光学的吗？莫奈应该点头吗？难道被描绘的光可以主导一切？不是，因为所有这一切都忽视了这幅画究竟对观众产生了怎样的影响。

鉴于其精确性和模糊性，你被迫重新审视你自己经验中的紫丁香树。其精准性唤起了你的视觉记忆，而其朦胧性却在你的记忆出现时欣然接纳它并且为之提供安身之处。不仅如此，你那已暴露的视觉记忆被如此强烈地唤起，以至于其他感官的适当记忆——芳香、温暖、潮湿、服装的质地、一个下午的长度——也都从往事中被提炼出来。（让人不禁再次想起波德莱尔的诗《契合》。）你坠入一种感觉记忆的旋涡，走向一个不断后退的快乐时刻，这便是完全的认识时刻。

这种强烈的体验可以产生幻觉。以越来越兴奋的状态陷入并且趋向过去，这同时不啻为期望的镜像反映，因为它是一种回归，一种旋涡，其本身具有一种类似于性高潮的特质。最终一切都与淡紫色火焰般的紫丁香同时出现，并与之融为一体。

可是所有这一切都——出人意料地——源自莫奈几次以略微不同的言语做出的断言:"主题对我来说完全是次要的;我所要表现的是主题和我之间存在的东西。"(1895年)他头脑里想的是一些颜色;而观看者脑海中出现的一定是各种记忆。假如,广义上,印象主义画派适合于表现怀旧之情(显然,在特殊情况下,记忆的强度会阻止怀旧之情),这不是因为我们生活在一个世纪以后,而仅仅是因为绘画的方法总是需要被人们读懂。

那么,发生了什么变化吗?以前观看者会进入一幅绘画作品。画框或者画的边缘便是一道门槛。一幅绘画创造了它自己的时间与空间,如同世界的一个凹室,这种时空的体验变得比通常生活中的情形更清晰,持久不变,可供参观。这几乎与对任何系统的透视法的运用没什么关系。这一点同样符合,比方说,一幅宋代的中国山水画。这与其说是一个空间问题,莫如说是关于永恒性的问题。即使当时被描绘的景象是短暂的——比如,卡拉瓦乔[1]的《圣

---

1. 米开朗琪罗·梅里西·达·卡拉瓦乔(Michelangelo Merisi da Caravaggio,1571—1610年),意大利著名画家,对巴洛克画派的形成有重要影响。

彼得受难记》——其瞬间性蕴含在延续性之中：艰难地立起十字架的情景构成了这幅画的永久性聚合点之所在。观众一个接一个地走进皮耶罗·德拉·弗朗切斯卡[1]的《所罗门的帐篷》或格吕内瓦尔德[2]的《受难地》或伦勃朗的卧室，但是面对莫奈的《圣拉扎尔火车站》，人们却停下脚步。

印象主义绘画关闭了那个时空。印象主义画家所展示的就是以如此特别的方法描绘所表现之物，以至于*你不得不承认它已经不在那里了*。正是在这一点上，也只是在这一点上，印象主义绘画才近乎摄影。你无法进入一幅印象主义绘画，相反，它会提取你的记忆。在某种意义上，它比你更积极踊跃——消极的观看者正在诞生；你所接纳的是来自你和它*之间*所发生的事情，而不再是来自它的内部。被提炼出来的那些记忆往往是令人愉快的——阳光、

---

1. 皮耶罗·德拉·弗朗切斯卡（Pierro della Francesca, 1416—1492年），意大利文艺复兴初期著名画家，其艺术创作以严谨数学运算基础运用于透视画法，使画面具有照片一样的空间感。
2. 马蒂亚斯·格吕内瓦尔德（Matthias Grünewald, 1470—1528年），真名为马蒂亚斯·戈特哈德（Mathias Gothardt），德国文艺复兴时期画家，德国"哥特式绘画的最后一位代表"，其风格影响了20世纪的表现主义。

河岸、开满罂粟花的田野——但是，它们也令人极度痛苦，因为每一个观看者都是孤单的。观众是分散的，就像画笔的笔触一样互不相干。画中不再有常见的聚会场所。

现在让我们再回到莫奈眼睛中的忧伤。莫奈相信他的艺术富有前瞻性，并且是基于对自然严谨细致的观察。或者至少这是他始终坚信并且从未放弃的艺术。他那幅描绘卡米耶弥留之际的画作背后的故事，深刻地彰显了这样的信念升华到如此程度。她1879年离世，享年三十二岁。许多年以后，莫奈向他的朋友克列孟梭[1]坦承，分析颜色这一欲望既是他生活的乐趣，也是他生活的苦恼。到了如此地步，他接着说，有一天我发现自己正看着死去的爱妻的脸时，出于一种无意识的本能反应，我竟然系统地观察起色彩来！

毫无疑问，他的坦白是真诚的，可那幅绘画的依据却并非如此。白色、灰色、略带紫色的颜料如暴风雪般扫过床上的枕头，一场可怕的死亡暴风雪

---

1. 乔治·克列孟梭（Georges Clemenceau, 1841—1929年），法国政治家、新闻记者，曾两度出任法国总理，法国近代史上最负盛名的政治家之一。热爱艺术收藏，是莫奈、马奈等印象派画家的好友和支持者。

将永远消抹她的容颜。实际上，如此富于强烈的感受，抑或如此富于主观表现力的描绘临终之病榻的画作是极为罕见的。

然而，对于这一点——他自己的绘画行为之结果——莫奈显然是毫无察觉的。他对自己的艺术所做的实证主义的、科学的断言从未与他的艺术的真实本质协调一致。他的朋友左拉也是如此。左拉相信他自己的小说如同实验室报告一样客观。其真正的力量（如在《萌芽》[1]中便可见一斑）来自深层的——并且黑暗的——无意识的感觉。在这一时期，进步的实证主义调查之风气有时遮蔽了早前波德莱尔就曾预言过的，完全相同的灾难的征兆、相同的恐惧。

这便可以解释为什么**记忆**是莫奈所有作品中尚未被意识到的轴心。他那闻名的对海洋（他希望死后葬于其中）、河流、水域的爱恋，也许是一种表现潮汐、源头和循环往复的象征性方式。

---

1. 法国自然主义小说家爱弥尔·左拉的长篇小说，1884年11月26日起在《吉尔·布拉斯报》上连载，1885年在法国第一次发行单行本，是第一部描写矿工的"社会史"小说。

1896年，他再一次描绘迪耶普[1]附近的一处悬崖，那是他十四年前就画过好几次的悬崖（《瓦朗日维尔的悬崖》《小艾丽的峡谷》）。与他同一时期的许多画作一样，这幅画色彩沉重、画面厚实，其色调的对比度降到最低限度。它让你联想起黏稠的蜂蜜。画的关注点不再是瞬间的景色，如从光中显现的那样，而是在光的照射下景色的缓慢消失，其发展趋势便是一种更具装饰性的艺术。或者，至少这是建立在莫奈自己假定基础之上的通常的"解释"。

在我看来，这幅画是针对某种完全不同的东西。莫奈日复一日地绘制它，认为当草地和灌木丛的每一个细节都消融于那悬挂在海边的蜂蜜画布上时，他自己正诠释着阳光的效果。但是，他没有这样做，并且那幅画确实跟阳光没有什么关系。他在蜂蜜画布上所消解的一切都是他早前对于那座悬崖的记忆，所以画中可以吸收、包容所有的记忆。正是这几近孤注一掷地去保护一切的愿望，才使得这幅画成为如此无固定形状的、平淡的（但如果人们能认清其价值，也是令人感动的）图像。

---

1. 法国港口小镇，位于英吉利海峡最窄处。

非常相似的情形也出现在莫奈在其生命的最后阶段（1900—1926年）于吉维尼小镇[1]创作的他的花园里水中睡莲的画中。在这些绘画中，面对将花、映像、日光、水下的芦苇、光线折射、波纹、表面、深度融为一体这一光学上不可能的任务，他不断地返工，其真正的目的既不是为了装饰，也不是为了光学效果；而是为了保存这花园中一切本质的要素，这一切就是他所创造的，并且现在作为一个耄耋之年的老人，他喜爱这画面胜过世界上的一切。被描绘的睡莲池塘将是承载着满满记忆的池塘。

然而，这也正是莫奈作为画家所经历的矛盾之症结所在。印象主义绘画关闭了那种时空，那是从前绘画作品能够保存经验的时空。由于这种封闭，当然它与19世纪晚期社会的其他发展并行不悖，并且最终由这些发展决定，画家和观看者都发觉自己比以往任何时候都更孤独，更焦虑不安，因而他们自己的体验便是转瞬即逝、毫无意义的。甚至法国岛屿的魅力和美丽、星期日梦想的乐园，所有这一

---

[1] 法国诺曼底省典型的农村，很多画家曾经生活在这里，所以又叫"画家村"。

切都不能为此提供慰藉。

只有塞尚理解究竟发生了什么。孤独无助、性情急躁,但又被一种其他任何印象派画家都不曾有过的信念支撑着,他给自己设定了在绘画中创造一种新的时空形式的重大任务,以便人们终将可以再次分享那种经验。

1980年

⇢⇢ 世界的制作

我已不知道去过几次阿姆斯特丹中央车站了，也记不清去过几次阿姆斯特丹国立博物馆参观弗美尔[1]或法布里蒂乌斯[2]或梵高[3]的绘画。第一次一定是在差不多三十年前，在过去的七年里，我有规律地每六个月去参加一次跨国学会的会议，我是这个

---

1. 约翰内斯·弗美尔（Johannes Vermeer，1632—1675年），荷兰黄金时代绘画大师，与哈尔斯、伦勃朗合称为荷兰三大画家，被视为"荷兰小画派"的代表画家。其作品大都取材于市民平常的生活，因此也被称为荷兰优秀的风俗画家。
2. 卡雷尔·法布里蒂乌斯（Carel Fabritius，1622—1654年），荷兰画家，著名画家伦勃朗的学生。
3. 文森特·威廉·梵高（Vincent Willem van Gogh，1853—1890年），荷兰后印象派画家。代表作有《星月夜》、自画像系列、向日葵系列等。

学会的会员之一。

每次参会的成员大约二十多人,他们来自第三世界国家、美国、拉丁美洲、英国和欧陆,探讨社会主义视域下世界形势的方方面面——每次离会后我都会少一点无知,变得更坚定。到如今,我们彼此都非常了解,当我们再次相聚时,就像一支从各地集合在一起的比赛团队;我们时而获胜,时而被打败。每一次我们都发现自己在同世界的虚假表现形式做斗争——不是针对那些统治阶级的宣传,就是针对那些在我们中间传播的表现方式。

我对这个学会感激有加,然而,最后一次到了我该去阿姆斯特丹的时候,我差一点就决定不去参会了。我感觉疲惫不堪。精疲力竭,如果我可以这么说的话,与其说是身体的,莫如说是形而上的。我再也不能将一些要表达的意思整合在一起。仅仅是建立联系的想法就让我十分苦恼。唯一的希望是静止不动。尽管如此,在最后的时刻,我还是去了。

那是一个错误的决定。我几乎什么都没能听懂。词语与其所指之间的联系已经断裂。我好像迷失了;人的首要能力——命名的能力——正在衰退,抑或成为永久的幻觉。一切都分崩离析了。我试图讲笑话、躺下休息、洗个冷水浴、喝咖啡、不喝咖啡、自言自语、想象着遥远的地方——这一切都无济于事。

我离开了那幢大楼,穿过马路,走进梵高博物馆,不是去观赏绘画,而是因为我认为能带我回家的那个人可能就在那里;她的确在那儿,但是在我找到她之前,我得经受这些绘画的考验。此刻,我告诉自己,你绝对不需要梵高。

"霍乱、肾结石、肺结核也许是天上的运输手段,正像轮船、公共汽车、铁路是这个地球上的运输工具一样,这在我看来并非不可能。在年老时安静地死去会像徒步行走一样……"梵高在给他弟弟提奥的一封信中如是写道。

不过我发现自己还是在浏览着那些绘画,然后注视着它们:《吃土豆的人》《麦田云雀》《奥维尔的耕地》《梨树》。在两分钟内——并且是三周以来第一次——我感到平静、安心。现实已经得到证实。转变是如此之快而彻底,如同静脉注射后发生的一次戏剧性的变化。可是这些画作,我已经十分熟悉,以前却从未显现过任何像这样使人心情放松的影响力。

如果是这样的话,一次这样的主观体验揭示了什么呢?假如有联系,那么我在梵高博物馆所体验到的与梵高这位画家的毕生绘画生涯究竟有什么联系呢?如果不是为了回复一封陌生的信件,我会禁不住回答:没有,或很少。从阿姆斯特丹返回后的某个时候,我偶然间拿起一本胡戈·冯·霍夫曼斯塔尔[1]的故事和随笔集。其中有一篇故事题为《一个旅行者的信到家了》。这个假定的写信人是一位德国商人,一生大部分时间不住在欧洲;现在他已经回到了自己的故乡,但他越来越强烈地感受到一种不真实的感觉;欧洲人已不再像他记忆中的那样了,他们因系统性地妥协而使其生活毫无意义。

"正如我告诉你们的,我无法理解他们,不能领会他们的面孔、他们的手势、他们的话语;因为他们在任何地方都不再有本真的存在,确实,在任何地方他们都不复*存在*。"

他的失望致使他质疑自己的记忆,并且最终质疑任何事物的可信度。在许多方面,这三十页文字是对萨特写于三十年以后的小说《恶心》的一种预

---

1. 胡戈·冯·霍夫曼斯塔尔(Hugo von Hofmannsthal,1874—1929年),奥地利著名戏剧家、散文家、抒情诗人和短篇小说家。

言。这是选自最后一封信中的文字:

> 或者再一次——一些树,那些单薄但又保养良好的树木,它们在广场上随处可见,从柏油路面冒出,被栏杆保护起来。我会看着它们,并且我知道它们会让我想起树——可是又不是树——然后一阵战栗向我袭来,会把我的前胸撕成两半,仿佛是气息,是那种难以形容的永久虚无的、永无归属的气息,是某种来自非存在,而非来自死亡的事物。

这最后的来信也叙述了他如何不得不去参加一个在阿姆斯特丹举行的商务会议。他那时感觉没有骨气、迷失、犹豫不决。在去开会的路上,经过了一个小型艺术画廊,他停顿了,于是决定走进去。

> 我该怎样给你讲述这里一半的绘画对我表达了什么呢?它们完全是对我的奇怪而又深刻的感受的辩护。在这里,我突然站在某件作品面前,从前在我萎靡不振的状态下,仅仅瞥一眼它,就让我难以忍受了。我一直被那一

> 臀萦绕着。现在一个完全陌生的人正在给我提供——带着令人难以置信的权威——一个答复——一种以答复的形式呈现的整全的世界。

这故事的结尾是出乎意料的。他恢复正常了,变坚定了,于是继续前往会场,并且努力实现了他整个职业生涯中的最佳商业妙计。

最后一封信的附言给出所谈及的艺术家的名字是某位文森特·梵高。

那么,梵高为应对一种特殊的苦恼,以答复的形式提供的这一"整全的世界",其本质是什么?

对于一只动物来说,其自然环境和栖息地是给定的;对于一个人而言——即便是怀有经验主义者的信仰——现实并非给定的:人们不得不持续地追寻它,把握它——我禁不住想说出**挽救**它。我们学会把真实与想象对立起来,仿佛一个总是近在手边,而另一个则在远方,遥不可及。但这种对立是站不住脚的。事件总是在眼前发生。但是,这些事件的连贯性——我们所指的现实——是一种富于想象力的建构。现实总是**难以企及的**,这一说法对于唯物主义者和唯心主义者来说都是正确的,对于柏拉图和马克思也都正确。现实，无论人们怎么解读它，都存在于陈词滥调的屏障之外。每一种文化都会产生这样的屏障，一方面是为了促进其自身的实践（即确立习惯），另一方面是为了巩固其自身的力量。现实有损于那些掌权人的利益。

所有的现代艺术家都认为他们的创新提供了一种更贴近现实的途径，同时也是一种使现实变得更加显而易见的方式。正是在这里，并且唯有在这里，现代艺术家与革命者才发现他们有时是肩并肩的，双方都受到了推翻这层陈词滥调的屏障这一想法的激励，这种陈腐的套话在现代已经变得前所未有地无关紧要且妄自尊大。

然而，许多这样的艺术家已经减弱了他们所发现的屏障那边的东西，以便他们自己的天赋适合于他们作为艺术家的社会地位。每当这样的事情发生时，他们便会从许多种有关为艺术而艺术的理论中找出一种来为自己辩护。他们说：现实就是艺术。他们希望从现实中提炼出一种艺术的收益。没有人比梵高更符合这种情形了。

从他的信件中，我们了解到他是多么强烈地意识到了这种屏障的存在。他整个一生的故事就是无尽地向往真实的故事。对于他而言，色彩，地中海的气候和太阳是走向这种现实的手段；它们本身从未成为渴望的对象。当他感到自己根本无法挽救现实时，他所遭受的危机便加剧了这种渴望。今天，无论这些危机被诊断为精神分裂症还是癫痫，都不会有什么变化；它们的内容，与其病理学症状不同，是现实的一种幻象，如同一只凤凰耗尽生命。

从他的信件中我们也了解到，在他看来没有什么比工作更神圣的了。他把劳动的物质现实看作一种必然性，同时也是迄今为止的一种不公平和人性的本质。艺术家的创造性活动对于他而言只是众多的必然性之一。他相信最佳的接近现实的途径是工作，恰恰因为现实本身就是一种生产的形式。

绘画作品对这一点表述得比文字更清晰。这些画作的所谓笨拙，他用颜料在画布上作画的手势，是他挑选并在调色板上调制颜色的手势（我们看不到却想象得到），他处理和制作所画图像需要的原料的所有手势，都类似于他正在描绘的存在之物的*活动*。他的绘画作品模仿着活跃的存在——它们描绘的是——生命的劳动。

以一把椅子、一张床、一双靴子为例。他绘制这些东西的动作比任何其他画家的动作都更接近于木匠或制鞋匠制作它们的动作。他将作品的各个要素都集合在一起——桌椅的腿、横梁、靠背、坐面；鞋底、鞋帮、鞋舌、鞋跟——仿佛他也在把这些要素组装起来，**连接**起来，仿佛这种**被连接**在一起的东西构成了它们的现实。

在画一道风景之前，所需的过程会更加复杂并且神秘，但是遵循同样的原则。假如人们想象上帝从土壤和水中，从黏土中创造世界，他制造一棵树，或者一块麦田时的处理方法很可能类似于梵高描绘那棵树或者那片麦田时处理颜料的方法。我不是在暗示梵高身上有一些貌似神秘的东西：这种想法会落入最糟糕的偶像化传记的地步。然而，如果我们想到世界的创建，我们只能通过视觉证据来想象这种行为，此时此地在我们眼前出现的活力四射的能量正在发挥着作用。而对于这些能量，梵高是极度地——我细心挑选了这个副词——与之协调一致的。

当他画一棵开着花的小梨树时，汁液上升、嫩芽形成、蓓蕾裂开、花朵形成、花柱伸出、柱头变黏的过程，这些行为对他来说在绘画的过程中都会出现。当他画一条路时，那些铺路工人便会出现在他的想象中。当他画那翻耕过的土地时，他自己的行为中就会含有刀片翻耕土地的姿势。无论他往哪里看，都能看到生存的劳动；而这种如此被公认的劳动，在他看来构成了现实。

如果他画自己的面孔，他会画他的命运，过去和未来的结构，就如同看手相的人相信他们可以在手中读出这种结构。那些认为他不正常的同代人并非都如现在所假想的那么愚蠢。他强迫自己去作画——相比之下，没有任何其他的画家曾被强迫作画。

他的强迫行为意味着什么？它会使两种生产行为，即画布的生产行为和描绘现实之制作行为，越来越接近。这种强迫行为并非源自关于艺术的某种理念——这就是为什么他从未想过从现实中获取利益——而是源自一种强烈的情感共鸣。

"我赞美这公牛、老鹰和具有如此强烈爱心的男人，而这必定会阻碍我成为一个雄心勃勃的人。"

他被迫走得更近一些，接近，接近再接近。在**极端危机的关头**，他如此紧密地靠近，以至于夜空中的星星变成了光的旋涡，那鲜活的柏树林中树木的神经节呼应着风和太阳的活力。有一些画布上描绘的现实将画家消解。但在其数百幅保存完好无损的其他油画中,他带我们尽可能地接近那种创造真实的永恒的过程。

很久以前,人们曾一度将绘画比作镜子。梵高的绘画可以与激光相媲美。它们不是等待接受,而是出去迎接,但它们所穿过的,并不是如此虚无的空间,而是创作的过程。梵高为我们描绘的"整全的世界",作为对那虚无的眩晕的回应,就是对世界的创造。一幅接着一幅的绘画是一种表达方式,带着敬畏却又有些许安慰:它奏效了。

1983年

⇴ 迈向可见之物的小理论

当我念着主祷文的第一行:"我们在天上的父……"我想象这天空是无形的,无法进入,但又近在咫尺。关于他,没有什么巴洛克风格,没有旋动着的无限空间或令人震惊的前缩透视图像。若想发现它——如果一个人获此恩典——只需举起像鹅卵石或餐桌上的盐罐般大小并且近在手边的东西即可。或许切利尼知道这一点。

"你的王国降临……"天地之间的差别是无限的,但两者间的距离却是极其微小的。关于这句话,西蒙娜·薇依[1]写道:"在这里,我们的欲望穿透时

---

1. 西蒙娜·薇依(Simme Weil,1909—1943年),法国犹太思想家、神秘主义者、宗教思想家和社会活动家,深刻地影响了战后的欧洲思潮。著有《重负与神恩》《哲学讲稿》等。

间发现它背后的永恒,当我们知道如何将所发生的一切,无论是什么,都变成欲望的客体时,便会发生这种情况。"

她的话或许也是绘画艺术的秘方。

今天,图像无处不在。从未有过如此多的事物被描写、被观看。我们随时能瞥见在地球的另一边,或者在月球的另一边,事物是什么样子的:表象被呈现,而后便以闪电般的速度传播开来。

然而,随之而来的便是,一些事物无辜地发生了变化。它们过去经常被称为**物质性**的外表,因为它们属于固体的存在。如今,外表是不稳定的。技术创新使人们很容易区分表象的存在与实体存在。这正是现有体制的神话需要不断发掘的东西。它使事物的外表变成折射,就像海市蜃楼一样:不是光的折射,而是欲望的折射,实际上仅有一种欲望,即贪得无厌的胃口。

因此——奇怪的是,鉴于**胃口**这一概念的物理含义——存在之物、身体,均消失了。我们生活在一种由没人穿过的衣服与尚未戴过的面具构成的奇观之中。

仔细想想任何国家的任何电视频道的新闻播音员吧。这些播音员都是**脱离肉体**的机械的典范。这一制度花费了许多年去塑造他们，并教会他们像现在这样说话。

没有身体，也没有需要——因为需要是存在者的条件。它是使现实变得更真实的东西。而体制的神话需要的只是尚未成形的、虚拟的下一个购买物。这种购买在观众心中产生的，并非如宣称的那样，是一种自由的感觉（所谓选择的自由），而是一种深切的孤立感。

直到最近，历史，人们关于他们生活的所有叙述，所有的谚语、虚构故事、寓言都面临着同样的情形：永久的、可怕的，偶尔美好的，为满足生活需求而进行的斗争，这便是存在的难解之谜——随着上帝的创世而来的，此后一直不断地提升人类精神的东西。需求既导致悲剧，也产生喜剧。它是你亲吻或是用头撞击的东西。

现如今，在系统的奇观中，它已不复存在。因此没有什么经验可供交流。一切剩下的可分享的东西就是奇观，就是无人参与却所有人都能观看的游戏。这是前所未有的，人们不得不尝试着凭借一己之力，把他们自己的存在和痛苦安置在时间和宇宙的广阔舞台上。

我曾做过一个梦，梦见我是一个奇怪的商人：贩卖长相或外貌的商人。我收集它们，并将其分发出去。在梦中我刚好发现了一个秘密！是我自己发现它的，没有别人的帮助或建议。

这个秘密就是进入我正在观看的一切事物的内部——一个水桶、一头母牛、从上面俯瞰的一座城市（如托莱多）、一棵橡树，而且，一旦进入其中，便会调整其外表使它变得更好。**更好**并不意味着让事物看起来更美观或更和谐；也不意味着使其更具典型性，以便那棵橡树可以代表所有的橡树；而仅仅意味着使它更像它自己，如此，使那母牛或城市或水桶更能彰显其独特性！

做这种事令我感到愉快，同时我感到，我从内部做的一些细微的改变也给他人带来了快乐。

如何进入客体内部以便重新调整其外观这一秘诀，就像打开衣柜门那么简单。或许这只不过是当门自动打开时人能否在那里的问题。可当我醒来时，我不记得这是怎么办到的，再也不知晓如何进入这些事物的内部了。

绘画的历史呈现的往往是承前启后的风格史。在我们的时代里,艺术品经销商和推广者利用这场风格之战为市场创立品牌。许多收藏家——还有博物馆——与其说是购买作品,不如说是购买名气。

也许是时候问一个天真的问题了:从旧石器时代直至我们这个世纪以来的所有绘画有什么共同之处呢?每一幅画像都宣称:**我曾看到过这个**,或者当图像的制作被纳入一种部落仪式时:**我们曾看到过这个**。其中**这个**一词指的是描绘的景象。非具象的艺术也不例外。罗思科的一幅晚期的油画表现了一抹光亮或彩色的微光,它源于画家对可见之物的体验。当他在作画时,他根据他所**看到**的别的东西来判断自己的画布。

绘画首先是对我们周遭不断出现又消失的可见之物的一种肯定。如果它们没有消失,或许就不会有作画的冲动,正因如此,可见之物自身便会拥有绘画所力求获得的那种担保(持久性)。在对存在者以及人类所处的那个物质世界给予肯定这一点上,绘画比任何其他的艺术都表现得更为直接。

动物是绘画中最初的题材。并且,从初期一直到苏美尔人、亚述人、埃及人的艺术,再到早期的希腊艺术,对于动物的描绘都可谓惊人地真实。数千年以后,对人体的描绘才达到了同样的"逼真性"。起初,存在物就是人类所面对的东西。

最早的画家就是猎人,他们的生活和部落里其他所有人一样,依赖于他们对动物的熟知程度。然而,绘画行为与狩猎行为不同:两者的关系比较奇妙。

在早期的洞穴壁画中,一些模板上显示出动物旁边有人手的图像。我们不知道这是用于什么确切的仪式。可我们知道,绘画被用来确定猎人与猎物之间,或者说得更抽象一点,存在物与人类的智慧之间的一种神奇的"友谊"。绘画就是更明确地表现这种友谊,从而(充满希望地)使其变得永恒的手段。

当绘画已失去其成群动物的主题及其仪式作用很长时间以后,这一点可能依然值得深思。我相信它会向我们透露一些有关那种行为本质的信息。

作画的冲动既不是源于观察,也不是出自(或许是盲目的）心灵，而是来自一种邂逅：画家和描摹的模特儿之间的相遇——即便那个模特儿是一座山或是一个摆着空药瓶的架子。从艾克斯市看到的圣维克图瓦山（若从其他地方观察会是完全不同的形貌）就是塞尚的伴侣。

当一幅画毫无生机时，那是因为画家没有勇气与模特儿保持足够近的距离以便开始一次合作。他保持着一种**模仿**的距离。或者，如同在今天这样的风格主义时期，他在保持一种艺术史的距离，玩弄着模特儿一窍不通的风格把戏。

去接近就意味着忘掉习俗、名誉、推理、等级制度和自我。这也意味着冒着无条理，甚至精神失常的危险。因为也会发生这样的情形：人们太过逼近，所以合作失败，画家消融于描摹对象之中。或者动物将画家吞噬或踩伤。

每一幅真实可信的绘画都彰显了一种合作关系。看一下柏林国家博物馆里收藏的佩特鲁斯·克里斯图斯[1]的《一个年轻女孩的肖像》，或卢浮官里的库尔

---

1. 佩特鲁斯·克里斯图斯（Petrus Christus，1410—1475年），比利时画家，早期的尼德兰画派的画家。其后期作品《一个年轻女孩的肖像》是佛兰德斯画派的杰出之作，也标志着荷兰肖像画的一个新的发展。

贝[1]的画作《猛烈的海浪》，或17世纪的朱耷[2]画的老鼠和茄子，我们无法否认绘画客体的参与。的确，这些绘画作品最重要的也是首要的目的**不是**描绘某位年轻的女性、波涛汹涌的大海，或一只老鼠和一种蔬菜，而是表现这种参与。石涛[3]，中国17世纪伟大的山水画家，写道："辟混沌者，舍一画而谁耶。"[4]

这就是我们正在漫步进入的一个奇怪的区域，在这里，我正以令人惊奇的方式运用词语。1870年秋季的一天，法国北部海岸波涛汹涌的大海，参与了一个留着胡子的男人的观看，而这个男人将于之后的那一年被关进监狱！可是唯有这种方法才能接近这种沉默艺术的实践，它使一切都静止不动。

可见之物存在的理由就是眼睛；在有足够光亮

---

1. 古斯塔夫·库尔贝（Gustave Courbet，1819—1877年），法国画家，19世纪法国现实主义美术的代表。
2. 朱耷（1626—1705年），原名朱统筌，字刃庵，明末清初画家，中国画一代宗师。花鸟以水墨写意为主，形象夸张奇特，笔墨凝练沉毅，风格雄奇隽永。
3. 石涛（1642—1708年），明末清初著名画家，原姓朱，名若极，广西桂林人，与弘仁、髡残、朱耷合称明末清初画坛"四僧"。
4. 按照英文（The brush is for saving things from chaos.）可直译为"画笔是用来从混沌中拯救事物的"。石涛将艺术形容为一种生命创造活动，"混沌里放出光明"，将真正的艺术家称为"辟混沌者"。

的地方,看得见的生命形式变得越来越复杂多样,眼睛随之进化和发展。比如,野花有它们自己的颜色,就是为了被人看见。空旷的天空呈现蓝色,是我们的眼睛和太阳系的性质构造的结果。画家和模特儿之间的结合有某种本体论的基础。17世纪弗罗茨瓦夫的医师西勒修斯以一种神秘的方式书写了观看者与被看者之间的相互依存:

> 你的肉眼注视的玫瑰
> 开在永恒的上帝眼里

你是如何变成了你被看到的样子呢?画家问道。

我就是我。我在等待,高山或老鼠或孩子回答道。

等待什么?

等你,如果你放弃一切别的东西。

等多久?

一直等下去。

生活中还有其他东西。

去发现它们吧,变得正常一些。

那么,如果我不去做呢?

我会给予你我从未给过其他任何人的建议,但是,它一文不值,无非是回答你提出的无用的问题。

无用吗?

我就是我。

再没有比那更多的承诺了吗?

丝毫没有。我可以永远等下去。

我喜欢过正常的生活。

去过那样的生活,但不要指望我。

那么如果我就是要指望你呢?

忘记一切吧,而从我这里你会发现——我!

有时,随之而来的合作很少建立在善意的基础之上:通常都建立在欲望、愤怒、恐惧、怜悯或渴望之上。关于绘画的现代幻觉(对此,后现代主义没有做任何纠正)就是艺术家即创造者。确切地说,他是一个接受者。那看上去像是创作的东西,就是赋予他所接受的事物以形式的行为。

博格娜和罗伯特还有他的兄弟威特克过来一起度过那个夜晚,因为那是俄罗斯的新年。他们坐在桌子旁讲着俄语,我试着画博格娜。这不是第一次了。我总是画不成（无法完成绘画），因为她的脸庞不停地移动，而我又无法忘记她的美。而若想画好，你必须得忘掉那一切。午夜已过了很久，他们才离开。因为我正在画我的后一幅画作，罗伯特说：今天晚上是你最后的机会，只管去画她，约翰，画吧，做一个男子汉！

当他们走了以后，我拿起那还算不错的绘画，开始为它涂颜色——丙烯酸颜料。突然间，如同一个风向标因为风向的变化而突然旋转，这幅肖像画开始看起来挺像样了。她的"样子"即刻在我的头脑里显现——而我所要做的就是把它画出来，而不是寻找它。纸撕开了。我涂上颜料，有时像药膏一样黏稠。清晨四点，那脸庞开始适应于呈现其自身，并对自己的表现微笑。

第二天，那张脆弱的纸，附着沉重的颜料，看起来依然很好看。在日光下，有几处色调上的微妙差别需要改变一下。夜晚涂上的颜色有时变得太令人绝望——就像一双鞋子还没有解开就脱掉了似的。现在它完成了。

白天我不时地注视它，而且我感到得意扬扬。是因为我完成了一幅自己感到满意的小画作吗？根本不是。这种快乐来自别的东西。它来自那脸庞的**显现**——仿佛从黑暗中出现。它源于一个事实,即博格娜的脸成了一种*它自身所能留下的礼物*。

画像是什么?当一个人死了,它所遗留的,对于认识他的那些人来说,是一种空虚,一种空间:这空间有其轮廓,并且对每一个被哀悼的人,其空间都是与众不同的。这种带有轮廓的空间便是这个人的"画像",也是艺术家在画一幅活生生的肖像时所寻找的东西。一个画像就是遗留下来的隐而无形的东西。

苏丁[1]是20世纪最伟大画家之一。这一点需要五十年的时间才变得明确无误。因为他的艺术风格既是传统的,也是粗俗的,而且这种混搭风格冒犯了所有时尚的品味。仿佛他的绘画有一种沉重破碎的腔调,因而被视为表达含混不清:最好的情况是

---

1. 柴姆·苏丁(Chaïm Soutine,1894—1943年),生于白俄罗斯的犹太裔法国画家,逝于巴黎。他在技巧探索上和表现力上都可被列为世界上最伟大的画家之一。

被当作异国情调,最糟的情况却是被视为野蛮。现在他对存在物的忠诚逐渐成为被效仿的典范。鲜有其他画家像他一样,在绘画的过程中含蓄地、更生动地透露出那种画家和模特儿之间的合作。苏丁的画布上那些白杨树、动物尸体、儿童的面孔都依附于他的画笔。

石涛——再次引用他的话——写道:

> 绘画是墨的接受力产生的结果:墨向画笔开放;画笔对着手敞开;手愿意接受内心的呼唤;所有这一切就如同天空引发大地所产生的事物:万物都是接受的结果。

关于提香[1]、伦勃朗或透纳的晚期作品,人们通常会说:他们对颜料的处理变得更加随心所欲。虽然,在某种意义上,这是正确的,但也会给人以一种一意孤行的错觉。事实上,这些画家在其晚年只不过

---

1. 提香·韦切利奥(Tiziano Vecellio,约1488/1490—1576年),又译蒂齐亚诺·韦切利奥,英语国家常称呼他为提香(Titian),意大利文艺复兴后期威尼斯画派的代表画家。

是变得更愿意敞开胸怀去接纳"模特儿"的吸引力及其奇特的活力,仿佛他们自己的身体都隐退了。

一旦这种合作的原则被人理解,它便会成为一种判断任何风格的作品之准则,无论它们(作品)的自由处理方式如何。更确切地说(因为**判断力**与艺术并无太大关系),它给我们提供了一种洞见,以便我们更清晰地领悟绘画为何会令我们感动。

鲁本斯[1]曾多次为其心爱的海伦娜·富尔曼[2]作画。她时而合作,时而不合作。当她拒绝合作时,她依然是被描绘的完美典范;当她愿意合作时,我们也等待着她。有一幅莫兰迪[3]创作的花瓶里的玫瑰(1949年)的画作,画中的那些花像猫一样等待被允许进入他的视野。(这是非常罕见的,因为花卉画大多保持其纯粹的景象。)有一幅两千年前的画在木板上的男人肖像,我们仍然能感受到那人的参与。有委拉

---

1. 彼得·保罗·鲁本斯(Peter Paul Rubens, 1577—1640年),17世纪佛兰德斯著名画家,巴洛克画派早期的代表人物。
2. 鲁本斯的第二任妻子。
3. 乔治·莫兰迪(Giorgio Morandi, 1890—1964年),意大利著名版画家、油画家,以其静物画而闻名。

斯开兹[1]画的矮人、提香画的狗、弗美尔画的房子，从这些画中，我们均能辨识出那种情愿被看见的活力。

越来越多的人去博物馆看画展，而且不会失望而归。是什么使他们着迷呢？回答是：我认为艺术，或艺术史，或艺术欣赏未能抓住最本质的东西。

在艺术博物馆，我们偶遇其他时期可见的东西，并且它们与我们做伴。当我们自己面对每天看到的事物出现又消失时，就不会感觉那么孤独了。这么多的东西始终保持原样：牙齿、手、太阳、女人的腿、鱼……在可见之物的王国，在所有的时代，无论相隔几个世纪还是几千年，都能和平共存，友好相处。而当描绘的图像不是复制品，而是一种对话的结果，那么只要我们肯倾听，被描绘的东西便会说话。

在看的方面，约瑟夫·博伊于斯[2]可谓我们这个

---

1. 迭戈·委拉斯开兹（Diego Velázquez，1599—1660年），文艺复兴后期西班牙最伟大的画家之一，对印象派影响很大。
2. 约瑟夫·博伊于斯（Joseph Beuys，1921—1986年），20世纪德国著名后现代艺术家，以装置和行为艺术为主要创作形式，在20世纪70年代享受着政治预言者的美誉，是后现代欧洲美术界最有影响的人物。

世纪下半叶最伟大的预言家,而且,他毕生的工作就是演示,同时也是呼吁我所谈论的那种合作。他相信每个人都是潜在的艺术家,他以一些物体为例,并以如此方式将它们排列起来以便它们恳求观看者与其合作,这一次不是通过绘画,而是通过倾听并记忆他们的眼睛告诉他们的东西。

我听说过的事物中没有比一只失明的动物更令人悲伤(悲伤,但不悲惨)的了。与人类不同,动物没有留下什么可以描述这个世界的辅助性语言。如果是在一个熟悉的地域,失明的动物会设法通过鼻子去探寻方向。但是,它丧失了存在的能力,而且伴随着这种丧失状态,它开始衰弱,直至除了睡觉什么也不做的状态,在此境遇中,它或许在寻找那曾经存在过的东西的梦。

达维德[1]于1790年画的《塞卢森索西伯爵夫人》注视着我。在她那个时代,谁能预见今天人们离群索居的状态呢?一种每日被无形的、虚假的关于世

---

1. 雅克-路易·达维德(Jacques-Louis David,1748—1825年),法国新古典主义画派的奠基人和杰出代表,他在18世纪80年代绘成的一系列历史画标志着当代艺术由洛可可风格向古典主义的转变。

界的图像构成的网络系统所强化的孤寂。然而,它们的虚假并非一个错误。如果追求利润被视为人类救赎的唯一手段,营业额成为绝对的优先事项,那结果便是,存在者受到漠视或不被理睬,甚或被压制。

如今,努力描绘存在的事物是一种激起希望的抵抗行为。

➻ 我会轻声述说我的爱

2002年1月

星期五

纳齐姆[1],我在服丧,我想与你一起分享,因为你与我们分享过那么多的希望和那么多的悲痛。

> 电报于夜里送达,
> 只有三个音节:
> "他死了"。[2]

---

1. 纳齐姆·希克梅特(Nazim Hikmet,1902—1963年),土耳其诗人,剧作家,小说家,20世纪土耳其文坛最重要、最具影响力的作家之一。
2. Nazim Hikmet, *The Moscow Symphony*. Trans. Taner Baybars. Rapp and Whiting Ltd, 1970. ——原注

我在哀悼我的朋友胡安·穆尼奥斯[1]，一位令人赞叹的艺术家，他制作雕塑和装置艺术，可是昨天他在西班牙的一个海滩上离世，年仅四十八岁。

我想询问你一些令我困惑不解的问题。与迫害、杀害或饿死不同，自然死亡之后，人们首先感到的是震惊，除非这个人已经病了很长时间，然后是巨大的丧失感，当死者是个年轻人时这种感觉尤甚——

> **天刚破晓**
> **而我的房间**
> **却被漫漫长夜笼罩。**[2]

而且，随之而来的是痛苦，自言自语地说：这永远不会结束。然而，与这种痛苦如影随形的却是暗中袭来的其他近乎玩笑但又不是玩笑的东西。（胡安是

---

1. 胡安·穆尼奥斯（Juan Muñoz, 1953—2001年），西班牙雕塑家，20世纪80年代蜚声国际，他创作的雕塑装置栩栩如生并富于戏剧性，令人印象深刻。
2. Nazim Hikmet, *The Moscow Symphony*. Trans. Taner Baybars. Rapp and Whiting Ltd, 1970. ——原注

一个极会开玩笑的人。)是使人产生幻觉的东西,有点类似于魔术师拿着手帕变完戏法后的手势,亦即一种轻松感,它与人们当时感受到的东西完全相反。你明白我的意思吧?这种轻松感是一种轻浮还是一种新的指令?

在问你这个问题五分钟之后,我收到了我儿子伊夫的一封传真信件,他为胡安写下几行诗句:

你总是出现
　　带着笑声
和一个新的戏法。

你总是消失
　　把你的双手
留在我们的桌上。

你消失了
　　把你的纸牌
放在我们手里。

你会再次出现

> 带着新的笑声
>
> 那将是一个戏法。

星期六

我不确定自己是否曾见过纳齐姆·希克梅特。我敢发誓我见过他,但我无法找到间接的证据。我认为我是1954年在伦敦见到他的。那是他被释放出狱四年以后,也即他去世前九年。他在一次于红狮广场[1]举行的政治会议上发言。他讲了几句,接着又读了几首诗,几首用英语朗读,另外几首用土耳其语。他的声音强劲、平和、高度个性化、悦耳动听。但是,声音好像不是从他嗓子里发出——或者在那一刻不是从他嗓子里发出的。就好像他的胸部装有一台收音机,他用他的一只微微颤抖的大手将其打开再关闭。我描述得不是很恰当,因为他的在场和真诚都太显而易见了。他在一首长诗里描述了六个人于20世纪40年代初期在土耳其听着无线电播放的

---

[1]. 位于伦敦市中心的一个小型公共广场,它以当地的红狮酒馆而命名,有着迷人的传奇般的历史,是英国17世纪末资产阶级革命的激战现场。

肖斯塔科维奇创作的交响曲。其中三个人（像他一样）在监狱服刑。那广播是生机勃勃的；那交响乐远在几千公里之外，正在莫斯科演奏的实况。听着他在红狮广场朗读自己的诗歌，我有一种他正在说出的话语也来自世界另一端的感觉。并非因为它们难以理解（它们不难理解），也不是因为它们含混不清、令人厌倦（它们充满了忍耐力），而是因为它们正在被言说着，以某种方式战胜隔阂，超越无尽的分离。他所有诗歌中的**此处**就是指别处。

> 在布拉格一驾马车——
> 一匹马拉的车
> 经过那古老的犹太墓地。
> 马车里充满了对另一座城市的憧憬，
> 我便是那驾车的人。[1]

即使在他站起来讲演之前，当他坐在讲台上时，你都会看出他是个身材异常高大的人。给他取"长着蓝眼睛的树"这一绰号并非毫无缘由。当他确实

---

1. Hikmet, *Prague Dawn*. Trans. Randy Blasing and Muten Konuk. Persea Books, 1994.——原注

站起来时，你又会感觉他体重很轻，轻得有飘入空中的风险。

或许我从未真正看见他，因为在由国际和平运动于伦敦组织的一次会议上，希克梅特会被用几根牵绳拴在讲台上以便固着于地上，看到他似乎不太可能。可那是我清晰的记忆。他的言语一经他读出便升入天空——那是在户外举行的一次会议——而他的身体仿佛被驱使着追随他所写下的文字，它们在广场上空越飘越高，超越了那三四年前已被禁用的沿着西奥博尔德路停泊的老式有轨电车发出的火花。

> 你是一座山庄
> 　　位于安那托利亚，
> 你是我的城市，
> 　　最美丽也最不幸。
> 你是一声呼救——我是说，你是我的家乡；
> 向你奔去的是我的脚步。[1]

---

1. Hickmet, *You*. Trans. Blasting and Konuk. Persea Books, 1994. ——原注

星期一上午

在我漫长的一生中,几乎所有对我来说重要的当代诗人,我都读过他们诗歌的译文,很少读原文。我认为若在20世纪以前,任何人都不可能说出这样的话。关于诗歌是否可译的一些争论持续了几个世纪——但它们只是室内的争论——如同室内乐一般。在20世纪,大多数会议厅都化为瓦砾。新的交流方式、全球政治、帝国主义、国际市场等等,不分青红皂白地,以前所未有的方式将数百万人聚拢在一起,又把数百万人拆散。因此,对诗歌的期待发生了变化;最好的诗歌越来越依赖于那些更遥远的读者。

我们的诗歌

犹如里程碑

必须沿着道路排列成行。[1]

在20世纪,许多赤裸裸的诗行在不同的大陆之

---

1. Trans. John Berger. ——原注

间,在孤独凄凉的乡村和遥远的都市之间被连接在一起。你们都知道这一点,你们所有人:希克梅特、布莱希特[1]、巴列霍[2]、阿蒂拉·尤若夫[3]、阿多尼斯[4]、胡安·赫尔曼[5]……

星期一下午

我最初读纳齐姆·希克梅特的诗歌是在十八九岁时。它们发表在伦敦一本不知名的国际文学评论期刊上,它是在英国共产党的支持下发行的。我是这本期刊的长期读者。党的诗歌路线是胡扯,但其

---

1. 贝托尔特·布莱希特(Bertolt Brecht, 1898—1956年),德国著名戏剧家、诗人。
2. 塞萨尔·阿夫拉姆·巴列霍(César Abraham Vallejo, 1892—1938年),秘鲁流亡诗人,西班牙语美洲文学中呼吁社会变革的主要声音。
3. 阿蒂拉·尤若夫(Atilla Jozsef, 1905—1937年),20世纪匈牙利最伟大的诗人之一。
4. 阿里·阿赫迈德·萨义德·阿斯巴尔(Ali Ahmad Said Asbar, 1930—),笔名阿多尼斯(Adonis),叙利亚著名诗人、思想家、文学理论家、翻译家、画家,也是当代最杰出的阿拉伯诗人、思想家。
5. 胡安·赫尔曼(Juan Gelman, 1930—2014年),阿根廷诗人,也是拉丁美洲和西班牙重要的文学大师。

发表的诗歌和短篇小说却往往鼓舞人心。

那时候，梅耶荷德[1]已经在莫斯科被处死刑。如果我现在能格外想起梅耶荷德，那是因为希克梅特仰慕他，并且在20世纪20年代初期访问莫斯科时深受梅耶荷德的影响……

"我深深受惠于梅耶荷德的戏剧。1925年我回到土耳其，在伊斯坦布尔的一个工业区组建了第一个工人剧场。在这个剧场做导演兼作家，我感觉是梅耶荷德向我们展现了为观众服务乃至与观众合作的新的可能性。"

1973年以后，那些新的可能性使梅耶荷德付出了生命的代价，可是在伦敦，文学评论的读者对此还毫不知情。

当我最初发现希克梅特的诗歌时，它们给我的印象是空白；它们包含的空白比我在那之前读过的任何诗歌都多。它们并不描述空白；它们穿过它，越过高山。它们也是关于行动的诗。它们讲述疑惑、孤寂、丧亲之痛、悲伤，但是这些情感与行动如影

---

1. 弗谢沃洛德·梅耶荷德（Vsevolod Meyerhold，1874—约1940年），苏联著名戏剧导演。

随形,而不是行动的替代品。空白与行动并行。与它们形成对照的是监狱,而且正是在土耳其的监狱,希克梅特,作为一名政治犯,写下了他半生的作品。

星期三

纳齐姆,我想给你描述一下这张桌子,我正在这上面写作。一张白色的金属花园餐桌,比如人们今天可能会无意中在博斯普鲁斯海峡岸边的**海滨住宅庭院**里发现的那种桌子。这张桌子摆放在一个位于巴黎东南部郊区的小房屋带棚顶的阳台上。这房子建于1938年,是当年在这里专为工匠、商人和技术工人建造的众多房屋之一。1938年,你在坐牢。一块手表悬挂在你的床上方的钉子上。在你的监房上面的监房里,三个戴着镣铐的强盗正等待着他们的死刑判决。

这张桌子上总是堆满文件。每天早晨我要做的第一件事,就是一边小口喝着咖啡一边尽力把文件按顺序放回原处。在我的右边有一盆植物,我知道你会喜欢它。它长着非常深色的叶子;叶子底面是暗紫色;光线将叶子顶端变成了深棕色。这些叶子三个一组地分开,仿佛是夜晚的蝴蝶——和蝴蝶一样大小——以同一朵花为食。植物自己的花很小,粉色,犹如小学生学唱歌的嗓音那般纯真。这是一种特大的三叶草。这种特别的植物来自波兰,它的波兰语名称就是三叶草(Koniczyna)。这是我一个朋友的妈妈送给我的,她在靠近乌克兰边境的自家花园里种植了这种植物。她有一双引人注目的蓝眼睛,当她穿过花园,或在房子周围漫步时都会不停地触摸她的植物,就像祖辈不停地抚摸着孙辈的头一般。

> 我的爱,我的玫瑰,
> 我开始了横穿波兰平原的旅行:
> 我是一个小男孩快乐且惊奇
> 一个小男孩
> 看着他的第一本图画书
>   关于人
>   动物
>   物体,植物。[1]

---

1. Hikmet, *Letter from Poland*. Trans. John Berger. ——原注

在讲述故事时，一切都依赖于事物发生的先后顺序。而最真实的顺序几乎是不那么明显的。试验又出错，往往要尝试许多次。这就是为什么也要将一把剪刀和一卷透明胶带放在桌子上的缘故。胶带无法装进其中的一个小器具中以便轻易地撕下一段。我不得不用剪刀剪断胶带。最难搞定的是发现胶带的末端在胶带卷的哪个地方，并将其展开。我用指甲不耐烦地、急躁地探查。最后，我一找到了其末端，我便将它粘贴在桌子边上，让胶带展开，一直伸展到地板，然后我就让它垂悬着。

有时，我会走出阳台，进入邻近的房间，那里是我闲谈或用餐或读报的地方。几天前，我正坐在这个房间里，某种东西引起了我的注意，因为它在移动。闪烁的水流如微小的瀑布般落下，发出潺潺流水声，流到阳台的地上，接近我桌子前面的空椅子腿的位置。阿尔卑斯山脉间的小溪也不过是以这样的细流开始。

一卷透明胶带被窗外吹进的一股凉风扰动，有时它足以使高山移动。

星期四晚上

十年前，我站在伊斯坦布尔的海达尔帕沙车站附近的一座大楼前，一些犯罪嫌疑人在那里接受警察的询问。在顶楼，政治犯被关押和盘问，有时会持续数周。1938年希克梅特就在那里接受过盘问。

那大楼并不是打算用作监狱的，而是用作大规模的行政堡垒。它看上去坚不可摧，而且是用砖建造的，显得很寂静。监狱，若建构成这样，会带有一种阴险的，但往往也是紧张焦虑、临时凑合的气氛。例如，希克梅特曾服刑了十年的布尔萨监狱，由于其不规则的设计布局而被冠以"石头飞机"的绰号。相比之下，我所注视着的位于伊斯坦布尔的车站旁边的那座沉稳的堡垒，是以一座纪念碑般的自信和宁静使人保持沉默。

无论谁在这里面，无论这里面发生了什么——这座大楼以有分寸的声调宣布——它们都将被遗忘，从记录中被删除，被埋没在欧亚之间的裂隙中。

正是在那时，我理解了有关他诗歌的一些独特而又必然的策略：它必须不断突破其自身的局限！世界各地的囚犯都总是梦想着大逃亡，但希克梅特的诗歌却没有这样的梦想。他的诗歌在开始之前，便将监狱安置于世界地图上，犹如一个小圆点。

> 最美的大海
>
> > 尚未被穿越。
>
> 最美的孩子
>
> > 还未长大。
>
> 我们最美好的日子
>
> > 我尚未看到
>
> 而我想要告诉你的最美的文字
>
> > 我还未说出。
>
> 他们把我们当作罪犯，
>
> 他们把我们关押：
>
> > 我在围墙里边，
> >
> > 你在外边。
>
> 但是这不算什么。
>
> 最恶劣的是
>
> 当人民——无论是不是故意——
>
> 让他们自己的内心负载着牢狱……
>
> 大多数人都被迫这样做，

诚实、勤勉、善良的人民

他们应该得到像我爱你一样多的爱。[1]

他的诗歌,如同几何圆规一般沿着圆形的轨迹循环,时而紧密,时而扩张呈球形,用它锐利的尖端插入监狱的牢房。

星期五上午

一次我在马德里的一个宾馆等候胡安·穆尼奥斯,他迟到了,因为,正如我解释的,当他在夜晚努力工作时,便会像一个在轿车底下干活儿的机修工一样忘记时间。当他终于出现时,我就会调侃他像躺在车底下干活儿。后来他发给我一个笑话传真,我想给你描述一下,纳齐姆。我不知道为什么。也许为什么不关我的事。我只是在两个死者之间充当一个邮递员而已。

"我愿意向你做一下自我介绍——我是一个西班

---

1. Hikmet, 9-10pm. *Poems.* Trans. Blasing and Konuk. ——原注

牙机修工（只修轿车，不修摩托车），大部分时间都躺在一个机器底下寻找着它！但是——并且是最重要的问题——我偶尔也制作艺术品。并不是说我是个艺术家。不是。但我想终止这类爬进沾满油污的汽车底下的胡言乱语，变成艺术世界里的基思·理查兹[1]。如果这难以办到，那就像牧师那样工作，只工作半小时，并且能喝酒。

"我给你写信是因为两个朋友（一个在波尔图，另一个在鹿特丹）想邀请你和我去博伊曼汽车博物馆地下室，以及其他的酒窖（希望酒精含量更高一些），位于波尔图老城区。

"他们还提到了一些我不了解的景观。景观！我想或许就是开着车到处游览，或是开着车边兜风边四处观光……

"抱歉先生，另一个顾客刚进来。慢点！凯旋的喷火战斗机！"

我听到胡安的大笑声在其工作室回响，他独自一人在那里陪伴着他那些沉默的雕像。

---

[1] 基思·理查兹（Keith Richards, 1943— ），出生于英格兰肯特郡达特福德，英国歌手、制片人、作曲家，滚石乐队的创始人之一。

星期五晚上

有时在我看来，20世纪许多伟大的诗歌——不只是男人创作的，也有女人创作的——也许是最友爱的文字。若是这样的话，它与政治口号无关。这适用于里尔克[1]，他不关心政治；适用于博尔赫斯[2]，他是反动派；也适用于希克梅特，他是终生的共产主义者。我们的世纪见证了史无前例的大屠杀之一，然而，它所想象的（有时是为之奋斗的）未来却主张博爱。早前没有哪个世纪提出过这样的建议。

> 这些人，迪诺，
>
> 托住光的破裂碎片
>
> 他们要去哪里
>
> 在这样的黑暗中，迪诺？
>
> 你，我也一样：
>
> 我们和他们在一起，迪诺。

---

1. 赖纳·马利亚·里尔克（Rainer Maria Rilke，1875—1926年），奥地利诗人，出生于布拉格。
2. 豪尔赫·路易斯·博尔赫斯（Jorge Luis Borges，1899—1986年），阿根廷诗人、小说家、散文家兼翻译家。

> 我们也一样迪诺
>
> 瞥见了那蓝色的天空。[1]

星期六

也许,纳齐姆,我这次也不能和你见面。但我发誓我在看你。你正坐在阳台上我对面的桌子旁。你可曾注意到一个人头部的形状往往暗示其内部继续保持着的习惯性思维模式?有一些人的头脑坚持不懈地显示计算的速度。其他一些人的头脑揭示着对旧观念的坚定追求。这些日子,许多人流露出对连续的丧失的不解。你的头——它的尺码和你那眯起的蓝眼睛——向我提示的是许多拥有不同天空的世界的和平共处,一个在另一个之中,在其内部;不会令人紧张不安,平静,却习惯了过度拥挤。

我想问你关于我们今天生活的时代。你所相信的大多是历史上发生的事,或者你相信应该发生的事,结果都成了幻影。社会主义,如你所想象的那样,正建构在虚无之地。资本主义的共同体畅通无

---

1. Hikmet, *On a painting by Abidine entitled The Long March*. Trans. John Berger. ——原注

阻地向前发展——尽管竞争日益增多——并且世贸双子塔已被炸毁。过于拥挤的世界变得一年比一年贫穷。现如今你和迪诺看到过的蓝天在哪里？

是的，你回答道，那些希望都成了泡影，然而，这到底改变了什么？正义依然是一个词的祈祷（one-word prayer），正如齐吉·马利[1]在你们的时代唱的那样。整个历史就是关于希望的持续、丧失、复兴的过程。而伴随着新的希望便会出现新的理论。但是对于这个过度拥挤的世界，对于那些仅有一点或根本什么都没有，除了间或有勇气和爱的人来说，希望发挥着不同的作用。那么希望就是竭尽全力想取得的，是咬紧牙关去做的事。不要忘记这一点。做一个现实主义者。因为满怀希望就会有力量继续下去，即便疲劳永不消退；就会充满力量，在必要时，选择不在错误的时刻大喊大叫；最重要的是，会有克制怒吼的力量。一个人，因为满怀希望，便是一个令人肃然起敬的兄弟或姐妹。那些在现实世界中不抱有希望的人注定是孤独的。他们所能提供的最好东西只是怜悯。当谈及熬过夜晚、展望新

---

1. 齐吉·马利（Ziggy Marley, 1968— ），生于牙买加，美国知名歌手、作曲家，获得三届格莱美奖。

一天时,无论这些微弱的希望是新鲜的还是破碎的,都没什么区别。你有咖啡吗?

我去煮一点。

我离开了阳台。当我从厨房回来,端着两杯咖啡——咖啡是土耳其的——你已经走了。在桌子上,紧挨着粘贴透明胶带的地方,放着一本书,翻开就是你1962年写的一首诗。

> 假如我是一棵悬铃树,我会在它的树荫下休憩
> 假如我是一本书
> 我会在不眠之夜不厌其烦地阅读
> 我不想成为铅笔,即使在我自己的
> 手指间
> 假如我是一扇门
> 我会为善而敞开又为邪恶而关闭
> 假如我是窗,一扇完全敞开的窗不带有窗帘
> 我会把城市带入我的房间
> 假如我是一个词语
> 我会呼唤美丽正义真实

假如我是话语

我会轻声述说我的爱。[1]

2002年

---

1. Hikmet, *Under the Rain*. Trans. Özen Ozüner and John Berger. ——原注

图书在版编目（CIP）数据

迈向可见之物的小理论/（英）约翰·伯格著；王雅华译.—北京：商务印书馆，2023
（伟大的思想. 第二辑）
ISBN 978－7－100－22031－6

Ⅰ.①迈… Ⅱ.①约…②王… Ⅲ.①文艺—作品综合集—英国—现代 Ⅳ.①I561.15

中国国家版本馆 CIP 数据核字（2023）第061967号

权利保留，侵权必究。

伟大的思想 第二辑
迈向可见之物的小理论
〔英〕约翰·伯格 著
王雅华 译

商 务 印 书 馆 出 版
（北京王府井大街36号 邮政编码100710）
商 务 印 书 馆 发 行
山东临沂新华印刷物流
集团有限责任公司印刷
ISBN 978－7－100－22031－6

2023年9月第1版	开本 787×1092 1/32
2023年9月第1次印刷	印张 47

定价：260.00元（全十册）